こどもまんなか社会に活かす
「子ども家庭支援の心理学」

監修
立花直樹・津田尚子

編
要 正子・小山 顕・國田祥子・高橋千香子

晃洋書房

は じ め に

　この教科書で勉強する人は，将来，保育者となって「子どもの養護と教育」に携わることを夢みていることだろう．そんな皆さんには，是非ともソーシャルワークやカウンセリングの基本を学んでほしいのである．

　保育という仕事は，物を作ったり，売ったりする仕事ではなく，生きている人を相手にする仕事である．医療，看護，教育，介護，福祉，心理など，人を支援する仕事をヒューマンサービス（対人援助職）と言うが，保育もヒューマンサービスの重要な職域の１つである．そのような仕事では，ホスピタリティ（人との接し方）を学ぶ必要がある．

　ヒューマンサービスに従事する保育者は，子どもや保護者の信頼を得られなければ，本来の仕事ができない．信頼を得るには，高い専門性に加え，面接技術と子どもや保護者を理解する能力が求められる．

　子どもや保護者と密接に接し，子どもや保護者を理解する方法がソーシャルワークであり，カウンセリングマインドを基本とした発達段階やライフステージにおける心理的支援でもある．この本はソーシャルワーク並びに心理的支援の基本を学び，保育現場における子どもや保護者との接し方を会得する書籍として編集されている．

　とりわけ最近は，社会状況や子ども・保護者が変化して，保育の仕事が今までより難しくなってきた．これまでなら，保育者は保育所や幼保連携型認定こども園，幼稚園等へやってくる子どもや保護者を待ち受けて保育を行えばよかったが，現在は子どもを理解するため，保育所・児童福祉施設や幼保連携型認定こども園，幼稚園の中だけではなく，子どもが生活している家庭や地域社会を理解する必要性が増している．つまり，子育て支援や家庭支援を行ううえで，子どもや保護者だけでなく，子どもや保護者が日常的に過ごす家庭環境や地域社会についても，人間関係や状況を把握し理解した方が，よりニーズに的確に対応した援助ができるからである．

　現在では"食生活"をはじめとして，"しつけ"など生活全般に課題がある家庭も少なくない．極端な場合には児童虐待のケースも珍しくない昨今である．そのような家庭の子どもに，行動やパーソナリティの偏りがみられることもある．また，子どもを取り巻く状況としては"貧困""虐待""特別な配慮""不登校""いじめ""多様な性""日本語理解が困難"など，多様で複合的な問題が山積していることから，小学校・中学校・高校等では「スクールカウンセラー」や「スクールソーシャルワーカー」といった専門職が活躍し，多様な専門機関や専門職と連携する中で大きな成果を上げている．そこで，2022（令和４）年度より幼児教育の分野にも「スクールカウンセラー」や「スクールソーシャルワーカー」が派遣されることが決まり，保育分野でも「カウンセリング」や「ソーシャルワーク」を本格的に導入していこうという機運が高まっている．2024（令和６）年からは，子ども虐待をはじめとした子どもやその家庭への支援ができる新たな専門資格として「こども家庭ソーシャルワーカー」の養成がスタートした．保護者支援や子ども家庭支援に携わった一定経験のある

保育者も資格取得が可能となった.

　さらには，2023（令和5）年4月から設置された「こども家庭庁」は「こどもまんなか社会の実現」をスローガンに掲げ，常に子どもの最善の利益を第一に考え，子どもに関する取組・政策を社会の真ん中に据えている．今後は，ますます子どもの権利を重視し，子どもを中心とした保育や子育てが実践されていくために，様々な専門職が協働する時代となっていくだろう.

　あなた方の理想とする保育が行われ，子どもと保護者の信頼を得て，子どもの健全な発達に寄与できるよう，子どもと保護者を理解し，問題の解決もしくは緩和のノウハウとして，本書で「相談支援」や「心理的支援」の基礎を学んでもらいたい.

　最後に，あなた方の中には少子化社会に生まれ育ち，人との付き合い方や接し方が得意な人ばかりではない．また，外遊びや野外活動等の経験が少なく，たくさんの友人と日が暮れるまで戯れた経験も豊富でないかもしれない．そこで本書を活用し，各理論の意義や種々の法制度がもつ背景を理解する中で，様々な事例から具体的場面を思い浮かべて，"ヒューマンサービスの理論"や"対人援助のノウハウ"を学ぶことは，あなた方の人生にとっても有益であろう.

　保育者を目指す皆さんには，高い問題意識と使命感，そして希望を持って学んでいただきたい.

　　　2024年12月

　　　　　　　　　　　　　　　　　　　　編者と執筆者を代表して　立 花 直 樹

　　※1　文部科学省では「子供」を用い，こども家庭庁では「こども」を用いている．ただし社会において最も用
　　　　いられているのは「子ども」という表記である．本書では法律や制度における名称等については，それぞれ
　　　　の表記を優先するが，主語などで一般的に用いる際は「子ども」と表記している.
　　※2　「保育所等」および「保育園等」と記載している文言については，認定こども園や小規模保育施設等を含ん
　　　　でいる.
　　※3　「保護者等」または「親」と，場面によって表記が異なる場合があるが，いずれも同じ意味をあらわしている.

ワークとワーク解説をご希望の方へ

「ワーク」とその要点をまとめた「ワーク解説」（本書には未掲載です）を小社HPよりダウンロードしてご利用いただくことができます．但しご利用については，本書をご講義等でご利用いただいている教員の方のみに限定させていただきます.

「ワーク」と「ワーク解説」をご希望の方は，下記専用のメールアドレスに
　　① 書名『こどもまんなか社会に活かす「子ども家庭支援の心理学」』
　　② お名前
　　③ 所属
　　④ 所属先住所
　　⑤ お電話番号
　　⑥ メールアドレス
をご記入のうえご連絡ください．送信いただいたメール内容を確認の上，「ダウンロード手順」について，小社よりご連絡いたします.

晃洋書房ワーク専用メールアドレス：exp@koyoshobo.net

目　　　次

はじめに

子ども家庭支援・子育て支援における関連法律一覧

序　章　保育をめぐる心理的支援の動向 …………………………………………… *1*

第Ⅰ部　生涯発達から見た子ども時代の重要性

第1章　一生から見た家族と子育て …………………………………………… *9*

第2章　乳幼児の育ちと家庭 ………………………………………………… *17*

第3章　学童の育ちと家庭 …………………………………………………… *25*

第4章　青年の育ちと家庭 …………………………………………………… *34*

第5章　成人・老年のあり方と家庭 ………………………………………… *42*

第6章　家族や家庭に期待される機能と意義 ……………………………… *51*

第7章　子どもの育ちを支える家族・家庭の関係性 ……………………… *59*

第8章　子育てを通しての親の成長 ………………………………………… *68*

第Ⅱ部　今日の子育てが子どもの精神保健に与える影響

第9章　子育てを取り巻く社会的状況 ……………………………………… *79*

第10章　人生における子育てと仕事 ………………………………………… *88*

第11章　多様な家庭形態とその理解 ………………………………………… *98*

第12章　特別なニーズがある家庭とその理解 ……………………………………… *106*

第13章　生育環境が子どもに与える影響 …………………………………………… *114*

第14章　子どもの育ちと精神保健 …………………………………………………… *123*

終　章　子どもの心を育てていくということ ……………………………………… *133*

付　録　ソーシャルワーク専門職のグローバル定義　　（*137*）

　　　　全国保育士会倫理綱領　　（*141*）

おわりに　（*143*）

参考文献　（*145*）

索　引　（*153*）

子ども家庭支援・子育て支援における関連法律一覧〈五十音順〉

＊（　）内は法律の正式名称

アレルギー疾患対策基本法

育児・介護休業法（育児休業，介護休業等育児又は家族介護を行う労働者の福祉に関する法律）

いじめ防止対策推進法

医療的ケア児支援法（医療的ケア児及びその家族に対する支援に関する法律）

LGBT 理解増進法（性的指向及びジェンダーアイデンティティの多様性に関する国民の理解
　　の増進に関する法律）

学校教育法

個人情報保護法（個人情報の保護に関する法律）

子ども・子育て関連 3 法

　　関係法律の整備法（子ども・子育て支援法及び就学前の子どもに関する教育，保育等の
　　　　総合的な提供の推進に関する法律の一部を改正する法律の施行に伴う関係法律の整
　　　　備等に関する法律）

　　子ども・子育て支援法

　　認定こども園法の一部改正（就学前の子どもに関する教育，保育等の総合的な提供の推
　　　　進に関する法律の一部を改正する法律）

こども家庭庁設置法

こども基本法

子どもの権利条約

こどもの貧困の解消に向けた対策の推進に関する法律

子ども・若者育成支援推進法改正（子ども・子育て支援法等の一部を改正する法律）

次世代育成支援対策推進法

児童虐待防止法（児童虐待の防止等に関する法律）

児童手当法

児童福祉法

児童福祉法改正（児童福祉法等の一部を改正する法律）

児童扶養手当法

障害者基本法

障害者差別解消法（障害を理由とする差別の解消の推進に関する法律）

障害者総合支援法（障害者の日常生活及び社会生活を総合的に支援するための法律）

少子化社会対策基本法

少年法

女性支援新法（困難な問題を抱える女性への支援に関する法律）

身体障害者福祉法

生活困窮者自立支援法

生活保護法

精神保健福祉法（精神保健及び精神障害者福祉に関する法律）

男女雇用機会均等法（雇用の分野における男女の均等な機会及び待遇の確保等に関する法律）

知的障害者福祉法

特別児童扶養手当等の支給に関する法律

配偶者暴力防止法（配偶者からの暴力の防止及び被害者の保護等に関する法律）

発達障害者支援法

母子及び父子並びに寡婦福祉法

母子保健法

民法

序　章

保育をめぐる心理的支援の動向

第1節　子どもや家庭における心理的支援の重要性

　心理学（psychology）は，ギリシア語の気息，魂，心などを意味する「psykhe(プシュケー)」と，言葉，理性，学問などを意味する「logos(ロゴス)」とに由来し，心に関する学理的探究を意味する．具体的には，「人がよりよく生きるために不可欠な人間性や心の世界を科学的に捉える学問」と言える．

　以前から，人格や人間の能力を形成する要因は「遺伝」なのか「環境」なのかという論争があった．つまり，「人間は生まれながら持つ能力のレベルにより，人生が左右される（血統や遺伝の要因が強い）」「人間は生まれてから育つ環境により，人生が左右される（家庭環境要因が強い）」のいずれが重要なのかという考え方である．もし，遺伝的要素だけで，子どもの発達や成長が決まるのであれば，誰が保育や養育をしても同じように育つし，幼稚園・保育所・認定こども園・児童発達支援センターや乳児院・児童養護施設・障害児入所施設などにおける環境構成や環境設定は不要なものとなる．もし，環境的要素だけで，子どもの発達や成長が決まるのであれば，全ての家庭や日本中の幼稚園・保育所・認定こども園・児童発達支援センターや乳児院・児童養護施設・障害児入所施設などにおける環境構成や環境設定は，同様な設備や構造・間取りで良いことになる．しかし，実際には各々で異なり，各地域や家庭には文化・習慣や価値観や方向に多様性が認められているのである．さらには，幼稚園・保育所・認定こども園・児童発達支援センターや乳児院・児童養護施設・障害児入所施設などの設備や人員の最低基準は決められているが，教育・保育・援助・サービスや環境・プログラム・方針には独自性が認められている．

　アメリカの行動遺伝学者である R. プロミン（1948-）らの研究では，未就学児の知能発達への影響は遺伝的要素が60％で環境的要素が40％であると分析している．現在では，「遺伝」「共有環境（家庭環境や地域環境）」「非共有環境（教育環境や社会環境）」の3つが，人間の人格形成に影響を与えるという考え方が定着している．つまり，子どもの成長・発達にとって，保護者や家庭は不可欠であるし，教育・保育・福祉の施設も重要な役割を果たすべき存在であると言える．

　スイスの心理学者であった J. ピアジェ（1896-1980）が認識論を発生（発達）という視点から解く発生的認識論に基づいた児童期における4つの思考発達段階を提唱し，アメリカの心理学者であった E. H. エリクソン（1902-1994）はアイデンティティ（自我同一性）から自我発達を乳児期から高齢期まで8段階に区分し，認知発達研究の導入に貢献する中で，認知発達や生涯発達が世界各国で注目され，発達研究の方法論としての役割が確認された．その中で，児童心理学は発達心理学（developmental psychology）や教育心理学（educational psychology）へと発展した（1章～8章で詳

細を参照）．

　子どもの成長や発達の中で，年齢やライフステージに応じた課題が明確となり，教育や保育の場で，子どもや保護者に対する効果的かつ適切な支援の指標が明らかになったことは，非常に意義深いことである．

第2節　「保育所保育指針」「幼稚園教育要領」「幼保連携型認定こども園教育・保育要領」から観た保育現場における心理的支援の重要性

　厚生労働省（1991）より全国の市町村に対して，「**乳幼児健全発達支援相談事業**」が通知され，健診後にフォローが必要な母子に対して「保育所，乳児院，児童館等の児童福祉施設及び保健所，母子健康センター等で」実施する親子教室にて，保健師・保育士・臨床心理士が相談支援や経過観察を行ってきた．また，厚生労働省（2011）が，発達障害支援施策の充実を図るために開始され，2013（平成25）年4月からは市町村地域生活支援事業のメニューの1つとして組み込まれることになった「**巡回支援専門員整備事業**」では，保育所・認定こども園などの子どもや保護者が集まる施設等に対して発達障害に関する知識を有する専門員（医師，児童指導員，保育士，臨床心理士や公認心理師，作業療法士，言語聴覚士など）が巡回し，障害が"気になる"段階から支援を行うための体制整備を図り，発達障害児の福祉の向上を図ることを目的として実施されている．2007（平成19）年に学校教育法が改正され，各自治体の教育委員会が就学前・幼児の集団施設（幼稚園をはじめとして保育園も含む）への巡回教育相談を，特別支援教育体制として位置づけるように定めた．ついには，発達障害をはじめ障害のある子どもたちへの支援にあたっては，行政分野を超えた教育と福祉の連携による切れ目ない支援が不可欠と判断し，2018（平成30）年5月21日に文部科学省と厚生労働省が協働で，「家庭と教育と福祉の連携"トライアングル"プロジェクト」を発足した．現在，各市町村が主体となって幼稚園・保育所・認定こども園に対して，臨床心理士や公認心理師を派遣して，発達相談や教育相談を実施しており，乳幼児に対する保育や教育の現場における心理支援の必要性は年々高まっている．

　2008（平成20）年に改訂された「**保育所保育指針**」では，新たに「保護者に対する支援」の章が設けられ，同年に改訂された「**幼稚園教育要領**」や2014（平成26）年に制定された「**幼保連携型認定こども園教育・保育要領**」においても「心理的支援」について記述される内容が増加している．保育所・幼稚園・認定こども園における心理的支援を，①子どもや保護者に対する「不安の除去（配慮や支援）」，②子どもや保護者との「不安の共有（共感）」，③子どもや保護者に対する「成長の支援（エンパワメント）」，④子どもや保護者の不安に対する「専門機関・専門職との連携」，⑤子どもや保護者に対する「誤った対応」の5つに分類し，具体的に記述した（表序-1）．保育所・幼稚園・認定こども園のいずれの保育現場においても，保育者には子どもの年齢や子どもや保護者の状況に応じた細やかな対応が求められる．また，外国籍やDV・貧困の家庭，保護者が外国籍・障害・有疾患やひとり親であったり，発達の遅れ，障害，アレルギー，低出生体重，慢性疾患等のある園児であったりする場合，子どもや保護者が不安定になり，不安や負担感・孤立感を抱えやすい（9章

表序-1　指針や要領から観る幼稚園・保育所・認定こども園における心理的支援について

内容＼対象	子ども	保護者	保育者（保育士・保育教諭）
不安等の除去	環境の変化（入園・入所時，入園・入所して暫くの間，異年齢保育時，新たな経験への挑戦時，クラス替え，担当保育者の変更，転園前，小学校就学前など）が，子どもに過度の**不安**や**動揺**を与えることの無いよう配慮 　一日の生活環境（プログラム変化，担当保育者の交替など）の変化が，子どもに過度の**不安**や**動揺**を与えることの無いよう配慮 　職員間での情報の伝達が適切に行われるよう心がけ，子どもが**不安**を抱くことのないよう配慮 　子どもの気持ちが不安定なとき，保育者等の膝に乗せてもらい，落ち着いた優しい声とともに絵本に触れ，不安を受け止めることで，園児の気持ちは安定していく	子育てに対する**不安**や**負担感**，**孤立感**の緩和・除去に向けた相談 　職員間での情報の伝達が適切に行われるよう心がけ，保護者が**不安**を抱くことのないよう配慮 　保護者に育児**不安**等が見られる場合には，保護者の希望に応じて個別の支援を行うよう努める 　外国籍やDV・貧困の家庭，保護者が外国籍・障害・有疾患やひとり親，発達の遅れ，障害，アレルギー，多胎児，低出生体重児，慢性疾患のある園児の場合，保護者は子育てに**困難**や**不安**，**負担感**を抱きやすく，園児の生育歴や各家庭の状況に応じた支援が必要となる 　いつでも気軽に訪れることができ，親子同士が心地よく過ごせる時間と空間を保障することに努めることにより，子育てを行う上での保護者の**心配や不安**を和らげ，虐待等を予防する	
不安等の共有	子どもが**不安**そうに振り向いた時には目を見て頷くように対応 　保育者は子どもと向き合い，子どもが時間をかけてゆっくりとその子どもなりの速さで心を解きほぐし，自分で自分を変えていく姿を温かく見守るという**カウンセリングマインド**をもって接する 　保育者が，幼児の具体的な要求や行動の背後に，意欲や意志の強さの程度，**心情の状態**（明るい気分，**不満に満ちた状態**，**気落ちした気分**など）など幼児の内面の動きを察知することが大切である	子育てを始めた当初は，育児に**不安を抱き，悩みを抱える**など，様々な状況を共有し理解し支える 　保護者の抱えてきた**悩みや不安**などを理解し支えることで，子どもの育ちを共に喜び合う 　保護者の**不安感に気付くこと**ができるよう，送迎時などにおける丁寧な関わりの中で，家庭の状況や問題を把握する必要がある 　子育てへの**不安や孤立感**を感じている保護者が増える中，保育者の園児への関わり方を間近で見ることで，園児への関わり方を学んだり，保護者同士の体験の共有から同じ子育てをする仲間意識を感じたりもする	外部研修では，同じような保育経験やキャリアを積んだ者同士が，自身や自分の保育現場における課題の共有，悩みの相談，専門的な知識の学び合いを行いながら，交流する
成長の支援	様々な場面を通して，豊かな**心情**や思考力の芽生えを培うこと 　相手の心を傷つけたという**心理的・内的**側面には気付かない子どもに相手の意図や気持ち，そして，自分の行動が相手にもたらした**心理的**な結果に気付くように働きかける 　思い通りにいかない場合等の園児の不安定な感情の表出については，保育者等が受容的に受け止めると共に，そうした気持ちから立ち直る経験や感情をコントロールすることへの気付きに繋げていけるように援助する	保育者が保護者の**不安や悩みに寄り添い**，子どもへの愛情や成長を喜ぶ気持ちを共感し合うことによって，保護者は子育てへの意欲や自信を膨らませることができる	保護者の不安や悩みに対しては，保育士等が有する専門性を生かした支援が不可欠である．保育者は，一人一人の子どもの発達及び内面についての理解と保護者の状況に応じた支援を行うことができるよう，援助に関する知識や技術等が求められる
連携対応	緊急事態を目前に体験した場合には，強い恐怖感や不安感により，情緒的に不安定になる場合もあるため，小児精神科医や臨床心理士等による援助を受けて，子どもの**心身の健康**に配慮することも必要となる 　幼児の事故は，原因は様々だが，そのときの**心理的な状態と関係が深い**といわれており，日々の生活の中で，教師は幼児との信頼関係を築き，個々の幼児が**安定した情緒**の下で行動できるようにすることが大切であり，全職員で連携して問題が起きないように対応する	子どもの食や健康・発達・障害などに関する**悩み**が子育てに対する**不安の一因**となることが少なくないため，専門職や専門機関と協働して対応する 　緊急事態を目前に体験した場合には，強い恐怖感や不安感により，情緒的に不安定になる場合もあるため，小児精神科医や臨床心理士等による援助を受けて，保護者の**心身の健康**に配慮することも必要となる 　保護者の不安や悩みの内容によっては，それらの知識や技術に加えて，ソーシャルワークや**カウンセリング**等の知識や技術を援用することが有効なケースもある	
誤った対応	幼児の要求や主張を表面的に受け止めて応えようとすれば，保育者は幼児の要求ばかりに振り回されて全てに応じきれなくなり，逆に幼児に**不信感**や**不安**を抱かせてしまう		

（出典）「保育所保育指針解説」「幼稚園教育要領解説」「幼保連携型認定こども園教育・保育要領解説」をもとに筆者が整理．

~14章で詳細を参照）．年々，その様な家庭や保護者・子どもが増加する中で，保育者の負担は年々増加している．そのため，保育者のバーンアウトによる休職や退職が問題となっており，保育者自身にもストレスマネジメントや悩みの共有の場，相談できる場が必要となっている．

第3節　保育における心理的支援の重要性

2019（平成31・令和元）年度より新たな保育士養成課程のカリキュラムがスタートし，保育士養成科目に「子ども家庭支援の心理学」が新たに設置された．従来，心理学の科目は「保育の心理学Ⅰ（講義：2単位）」と「保育の心理学Ⅱ（演習：1単位）」の2科目であったものが，「保育の心理学（講義：2単位）」「子どもの理解と援助（演習：1単位）」に再編され，さらには「子ども家庭支援の心理学（講義：2単位）」が加わり心理学系の科目は合計3科目・5単位になったのである．保育士養成課程検討会でも議論となったが，その理由は「複雑化・多様化する家庭や保護者からの相談に対応するため，さらなる心理的な知識や技術や視点が必要である」「保護者だけでなく児童や家庭の問題が深刻化しており，保育者がカウンセリングマインドや心理的な視点を学ぶことにより，より適切かつ効果的な支援に繋げることができる」「保育者の離職が深刻であり，保育者がカウンセリングマインドや心理的視点を学ぶことにより，ストレスマネジメントや保育者同士の相互相談できることにも繋がる」等である．つまり，心理学系の科目が名実とも増加したのは，現代の子ども・保護者・家庭の問題に対応するために，心理学を学ぶ必要性が高まったからといえる．

しかし，保育者が心理の専門家になることを目的としている訳ではない．カウンセリングマインドを習得して，子どもや保護者と深い信頼関係を築き，子どもや保護者から「**エクスプレストニーズ（表明されたニーズ）**」を引き出し，子ども・保護者・家庭の問題を早期発見し，臨床心理士や公認心理師等の心理専門職と的確に連携していくためのタイミングを見極めることが保育者に求められているのである．

2021（令和3）年8月に，文部科学省が幼児教育の分野にも「**スクールカウンセラー（SC：臨床心理士や公認心理師）**」と「**スクールソーシャルワーカー（SSW：社会福祉士や精神保健福祉士）**」を派遣し，全国的に**小1プロブレム**（小学校第1学年の児童が学校生活に適応できないために起こす問題行動）を解消する方針を決定した．つまり，今後は保育現場で，保育者が心理専門職やソーシャルワーク専門職と協働したり，専門機関と対外的に連携したりすることがますます求められているのである．

2023（令和5）年4月に設置された「**こども家庭庁**」では「**こどもまんなか社会の実現**」をスローガンに，常に子どもの最善の利益を第一に考え，子どもを取り巻くあらゆる環境を視野に入れ，子どもを誰一人取り残さず，健やかな成長を後押しする社会の実現を目指している．「**こどもまんなか社会の実現**」を実現するためには，子どもや保護者の心理的支援のみならず，それらを支える保育社の**心理的安定性**を実現する必要がある．つまり，保育分野における心理専門職が専門性や業務の幅が広がる可能性につながっている．

本章の冒頭でも述べたが，心理学とは，「人（子ども・保護者，保育者）がよりよく生きるために

不可欠な人間性や心の世界を科学的に捉える学問」であり，真剣に学べば学ぶほど，これから出会う子どもや保護者だけでなく，保育者自身の人生にとっても不可欠な学問とも言えるはずである．

（立花直樹）

第Ⅰ部

生涯発達から見た子ども時代の重要性

第1章

一生から見た家族と子育て

> **学びのポイント**
>
> 　子どもにとって育ちに欠かせない家庭環境は，家族という成員メンバーと安心できる空間・雰囲気で成り立っている．家庭という環境の中で子どもは成長していくが，成長しているのは子どもだけではない．養育を主に担っている保護者も子育てを見守る祖父母も地域の人も子どもと一緒に育っている．家庭における世代間の相互交流とその意義を知ることにより，家庭を支援する意義や支援する際に心に留めておくべきポイントを概観しておく．
>
> 事前学習課題：1章の本文を読み，学びのポイントにあるキーワードについて，その言葉の意味を書き出しましょう．
> 事後学習課題：1章で学んだ内容から，あなたが保育者として何を大切にしたいのか決意表明しましょう．
>
> 　キーワード：発達段階，保護者の意識，世代間交流

第1節　子どもが育つ場としての家庭

1　ある家庭に子どもが誕生するということ

　1つのカップルが，生まれ育った家族から独立して新たに家族を持ち，心が安らぐ居場所を見いだすだけで，十分家庭を成したということができるが，そこに子どもが加わると家庭の様子が根本的に変化する．学生への子育て経験のある人々にインタビューをしてくる課題で，初めて子どもを迎えた親が「自分の命に替えても守らないといけない存在」として生まれてきた子どもを認識し，「今まで自分のおしゃれや快適さ優先で生活をしてきたが，そんなことは子どもの誕生とともに吹き飛んでしまい，子ども中心になる．子どもが泣くからそうならざるを得ないこともあるが，子どものために何でもしてあげたい気持ちになるのも確か」という気持ちの変化を述べている．子どもが生まれるということは，親に必ず成し遂げないといけない絶対的な責務を担わせるということでもある．それは，待ち望んだ子どもであるときは当然であるが，予定外に妊娠された子どもであっても，また養子や連れ子など血のつながりのない子どもを迎える時であっても同様で，迎えるまでの間や養育していく間に「守っていかないといけない」という自覚が芽生えてくる．この自覚でもって人は親になっていくのだが，それは重圧であるのも事実である．中には，その重圧に堪えられず子どもの存在をうとましく思い，子育てを投げ出したくなる人もいるだろう．

人々は有史以前から，この重責を担い，次世代への命を継承してきた．命を維持することが難しくなりそうな災害や感染症や戦争下にあった時もあった．その時も，大人は自分自身の命を守ることよりも，次世代につながる命を守ることを優先することで，人としての存続と希望をつなごうとしてきた．次世代に託す大人の思いについては，5，6，8章の成人期老年期，子育て世帯のあり方のところで触れるが，それらの思いが世代間継承という大きな本能的な営みの基本的側面だということを忘れないでおきたい．

2 子どもにとって家庭

将来を託される子どもではあるが，生まれた当初は全面的に保護される存在である．外気や光に晒される中体温を維持し栄養を摂取し必死で生きないとならない．その時支えになるのが，世話をしてくれる養育者であり，安心できる空間である家庭環境であろう．それほど，新生児にとって自分の居場所としての家庭は必須のものであって，家庭の存在しないところでは命を長らえることは難しい．どうしても子どもを育てることが難しい場合は，主に親族や養里親，社会的養護の元で子どもは育てられてきた．

家庭が重要なのは身体的なケアの面だけではない．心理社会面で，乳児は人や社会への興味関心を足がかりに周囲の人と愛着関係を形成し，いろいろな知識技能を修得する場として家庭を活用していく．乳幼児期の家庭での体験は，社会に対して表明していく「自分」というものを形成していくことにつながり，家庭は社会へ出て行く際の大きなよりどころになる．未知の社会に出て行く際に，いつでも戻ってくることができ，癒される場である家庭があることは，情緒面で大きな安心感になり，社会においていろんなことに挑戦する自信にもつながる．また，家族との関わりの中で，人間としての憎しみや苛立ちや悲しみを体験し，どのように振る舞うことで周りの人々を傷つけないでいられるかということを学んでいく．

このように子どもの育ちにおいて，家庭の果たす役割は絶対的に大きく，保護者もその責任を果たすべく腐心しているが，保護者だけの力で長期にわたって担えるわけではない．仕事をもつ一社会人として仕事を優先しないとならない時もあるだろうし，1人の大人として心身の健康を常に維持できるとは限らない．そのような時に，保育者・保育施設は存在する．家庭が子どもにとって良い形で機能することを側面から助けるためである．具体的な支援は6，7章に詳しいが，子どもにとって，親の存在を実感できるような，触れ合いと効果的なケアができるように保護者を支援し，社会における孤立を防ぐよう必要な社会資源とつないでいく．

第2節　子どもの一生と家庭

1 人の生涯における発達

ある家庭に生まれ落ちた時から，その子どもの一生はスタートする．**エリクソン**は，パーソナリティの問題と発達の問題が密接に関連し合っていることに注目したS. フロイト（1856-1939）の精神性的発達理論に成人以降の3段階を追加することによって，健常なパーソナリティにおける全生

		1	2	3	4	5	6	7	8
VIII	老年期								統合 対 絶望と嫌悪
VII	成人期後期							世代性 対 停滞	
VI	成人期前期						親密さ 対 孤立		
V	青年期					同一性 対 同一性の拡散			
IV	学童期				勤勉 対 劣等感				
III	幼児期後期			自主性 対 罪の意識					
II	幼児期前期		自律 対 恥と疑惑						
I	乳児期	基本的信頼 対 基本的不信							

図1-1　人間の8つの発達段階

（出典）エリクソン（2011）より筆者改変.

涯にわたる**発達段階**を提唱し，人が社会的経験に対処しながら生活を形成していくことを示した（**図1-1**）．人は危機に直面するごとに，罪悪感や劣等感情等のマイナス感情を身につけやすい．しかし同時に，他者に対する信頼や親近感，誠実さなどといったプラスの感情を持つことで，パーソナリティを拡大深化させて，生活の次元を高める機会にするものでもある．エリクソンの発達段階論は，それぞれの発達段階で直面する特徴的な葛藤が示されているだけでなく，発達に影響を与える主要な人物や必要な支援が示されている点で，実践的に役立つ．

　以下，エリクソンの発達段階をベースに，1人の人の一生と家庭との関係を概観していく（エリクソン，1977：317-353）．なお，各段階における詳細は，2〜5章で取り上げる．

　乳児期では，乳児はその命を養育者によって維持されている．乳児は不都合を言葉で訴えることができない．養育者が気づいて手当をしてくれないと，どうすることもできないのである．養育者の**ニーズを読み取る力**と**根気強い世話**こそが，子どもの命と心を守る命綱である．ニーズを読み取るには，養育者自身の心身も健やかに維持されていないと適切にキャッチングすることができない．養育者が「言葉で言ってくれないからわからない」と焦っているうちに，サインの糸口を見失ってしまう．乳児を育てる養育者の責任は大きいが，乳児に向き合う以前に自分自身の生活の安定・社会的キャリアの維持・家庭内での人間関係などで心を煩わせることがあれば，サインを見逃し養育者としての自信を喪失して，乳児の世話をすることが実際以上に負担になる．負担感から養育放棄

第Ⅰ部　生涯発達から見た子ども時代の重要性

をしてしまわず，求めに必ず対応してくれる養育者に，乳児は信頼を寄せていくことなる．そして，乳児自身も自分をまとまりのある固有の存在であるという感覚を保てるようになる．以上のことより，養育者の精神的安定は，乳児期の養育に欠かすことができない．

　幼児期前期では，筋肉の成長に伴い，幼児はため込んで放出する体の機能を知ることになる．ただ思いのままに保持や放出をすると，意図せず周囲に迷惑をかけることになる．のびのびと力を発揮することが危険に直結することなく，さりげなく許容される枠組みに納まるように導かれ，自分に誇りを感じられるように経験される必要がある．保持と放出の動きは，愛と憎しみ，自己表現の自由と抑制などと関連があり，自尊心・自制心にもつながる．大人はゆとりを持って幼児の主体的行動を受け止める必要があり，大人がむきになって子どもと張り合い，子どもに恥をかかせ，もしくは日課をこなすために支配的にコントロールすることは避けなければならない．子どもが第一次反抗期に入ると，大人は苦慮させられるが，最後には許すゆとりと状況を切り抜ける知恵をもっていないとならない．

　幼児期後期では，自由に活動する喜びを体験しその中で男女の性差に気づく時である．多少のつまずきや不安につきまとわれながらもより自分らしく他者へ働きかけ，その経験から知識や技術を自分のものにしていく．新たに身につけた知識や理解を使うこと自体が楽しく，子ども集団で共有して遊びを多彩に展開して行くばかりでなく，大人のありようにまで興味を持ち意見を言うようになる．親は競争や好奇心の行き過ぎをたしなめ，外からのどのように見られるのかなどを伝えることにより，子どもの中に徐々に発達してくる道徳意識の力を借りて，適切な責任感をもった子どもに育つように見守る．

　義務教育就学とともにスタートする学童期をエリクソンは潜在期とした．精神的には人格としてほぼできあがっているものの，身体の発達が追いついてきていないので，精神的な発達としては，潜在して保留になっているという意味である．ほとんどの子どもは社会で生きていくための基礎教育を組織的に受けることにより，忍耐強く順応していくことを習得していく．導き指導する役割は主に教師等になるが，保護者は，子どもが劣等感から学ぶことを止めてしまわないように，時に叱り時に励まし，受け止め方や学び方を示しながら，前向きに教育を受け続けることができるよう側面から支援していく．真面目に学んだ先に果たすべき役割が社会にあることを指し示す役割がある．

　思春期・青年期に入ると，性的な発育を含む身体的な発達のために，青年は混乱の中に置かれる．思春期・青年期では，それまでに知っている「自分」というものを，根本から見直し自分で獲得し直していく苦難の中で，自分を喪失してしまいそうな不安を抱く．そのよりどころとして，理想となってくれそうな存在（アイドルや思想家）を崇拝したり，わざわざ敵を仕立てたりして，かろうじて自分を保とうとする．保護者は「敵」とさせられる格好の対象で，急に煙たがられ避けられ，些細な日常生活のことも聞かせてもらえなくなる．小学校時代，学校や友達のことを食卓で聞いていた保護者は，背を向けられたかのように感じるようになる．子どもの様子を把握できなくなり，急に不安を覚える．

　葛藤の多い思春期・青年期が終わると成人期前期に入り，確立できた自分を，他者，特にこれからの人生をともに歩んでいこうとするパートナーや仕事仲間との間で分かち合おうとする．自分と

は異なる存在との間で，自分のやり方や好みを手放さないとならないような状況でも，自分を失わないでいられるかという不安と戦い，**協力関係を学ぶ**ことになる．対応における**柔軟性**を得られないと，子育て等次の段階での課題がつらくなる．

　成人期後期に入ると，自分自身の子どもや若い世代に身につけてきたものを伝承していくことになる．子育て中の保護者はまさにこの段階だが，保護者は自己犠牲的に子どもに奉仕しているのではない．**必要とされることに充実感**を感じつつ，「自分が理想とする子どもに育て上げる」といった拘束にならないように，自分自身の人生も子育て以外のことで充実したものにしていかないといけない．子育て中に自分自身の育ちも振り返り，親との関係を修復する人も多い．

　老年期に入ると，社会的な適応から離れて，自分の確信に基づき世の中の**秩序**と**精神的意義**を伝えようとする．自分自身の両親との間で繰り広げられた場面の意味が改めて理解でき，自我の統合を体験する．乳幼児の祖父母はこの世代にあたり，小さな子どもの養育に触れながら，自身の子育てや自分自身の育てられ方を振り返りかえり，自分のありようと人生選択について折り合いをつけていく．生活や社会のありようについての祖父母のさりげない発言は，小さな子どもたちにとって利害にとらわれない貴重な観点を提供する．

　このように1人の人としての発達段階があるのだが，発達に影響を与える主要な人物や必要な関わりと家庭を切り離して人生を描写することはできない．

2　ライフサイクルにおける家庭

　子どもが成長していく家庭という場で，家庭に属する人々の様々な育ちが同時に展開している．保育施設で関わる子どもたちは乳幼児の子どもが多く，児童養護施設・児童館などでは学童期に及ぶことがあるが，その保護者の多くは成人期に当たる．また，子どもの送り迎えで接する子どもの祖父母世代は，成人期後期から老年期になるだろう．上記に示した，エリクソンの発達段階における乳児期・幼児期・学童期の子どもと，成人期の保護者，成人期後期もしくは老年期の祖父母，それぞれの発達課題が1つの家庭や家族の中で同時に展開していく（図1-2）．このことは，保育者が「成人期以降の発達は自分たちの守備範囲外だ」とは言えなくなるということを示している．つまり，送迎時に保護者や祖父母から自分たち世代の葛藤や悩みを吐露されるかもしれないのだ．仮にそのようなことがあったときにでも，それぞれの世代にとっての訴えや語りの意味を理解して応じていく必要がある．

　かつて周りも子育て世帯ばかりだった時や三世代での交流が活発であった頃は，核家族であっても，保護者は日常的に子育てのちょっとした苦労や悩みを周りに吐露できていた．見かねた地域の人が子育て世代に助言したり手を貸すこともあった．しかし，今日，子育ての支援ができる世代も，気兼ねや不審者に間違われる恐れから，関わりを差し控えるようになってしまった．そのために，生活内で特段意識することもなく伝わっていた子育ての加減や子育て中の息抜きの仕方など子育ての実際を知らず，正しい育児をやり遂げなければというプレッシャーを保護者は抱えている．正しい育児態度は理想であるが，何年も日常的に維持するためには，危険でない程度に手抜きをしたり何かのついでにこなしたりする要領も時には必要である．例えば，子どもが何かをしつこくねだっ

第Ⅰ部 生涯発達から見た子ども時代の重要性

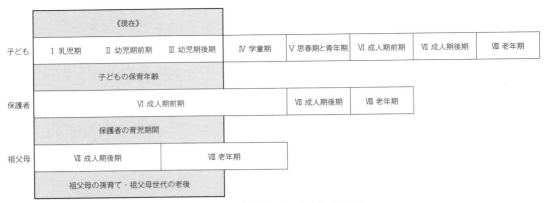

図1-2　家庭内における世代関係
（出典）筆者作成.

たときに，受け止めて諭すのは王道であるが，いつも全力で向き合えるものではない．注意がそちらにいかないようにしたりかわしたりするようなことが許されてもいいのである．

第3節　様々な世代にとっての子育て

1　親にとっての子どもの意義

　子ども（育てられる側）の立場からみた家庭の意義は第1節で述べたが，親の立場で子ども・子育てはどのような意味があるのだろう．家庭を新たにもつことや親になることについては，5，8，10，11章で改めて取り上げるが，親にとっての子ども・子育ての意義を概観する．

　身体的に成熟していれば，生物的に親になることはある．子どもの存在が認められると，そこから子どもを育てられるかという心配と，子どもをどのような環境で迎えるかという準備が始まる．1人の人間として育つこと社会的に自立することを目指していた段階から，次世代を育成するという課題が加わり，自分の当初の予定を変更する必要が出てくる．授かった小さな命を守ることが生活の中心になり，自分の社会的地位の確立等の自己実現はひとまず脇に置いておかないとならなくなるかもしれない．今まで積み上げてきた全てを失うことになるかもしれない不安を，誕生の喜びと引き替えられるかという葛藤を抱く人もいる．新たな現実を受け入れることができるかどうかにかかわらず，子どもを迎え，次世代育成という大きな世代継承の一端を担っていくことになる．

　初めての子育ては，どんなにハラハラドキドキの連続であろうか．守らないとならない命は小さくデリケートで，何をしてほしいのか教えてはくれない．かつて自分自身も赤ん坊であったが，その当時の記憶などあるはずもなく，闇雲に対応していくしかない．そのような時に出てくるのは，本人が意図するしないにかかわらず，かつて自分が育てられたやり方である．意識していないところで，過去が姿を現すのである．

　保育者が目にする保護者のやり方は，保育で大切にすべきと習う子どもの主体性的な行動や意思を尊重していないように見えるかもしれない．今日の健康に関する知識では不適切と見なされるかもしれない．保育者はそのような関わりをする保護者を「間違った子育てをする人」と見なしたく

なるかもしれないが，保護者自身そうしたくてそのようにしているわけではない．悪意なく「それしか知らなかった」「これしか思いつかなかった」「そうしかできないと思っていた」ことが多い．よって「適切な方法を知らなかった人」として見るのが適切である．また，多忙や疲労困憊から，したくても十分手を掛けることができない保護者もいる．このときも，「子どもを大切にしない人」と捉えるのではなく，「大切に関わるゆとりのない状態」と捉え直すべきだ．多くの保護者は，なりたいと思っていた理想とは異なる制約だらけの現実に戸惑い，十分に対応できていない自分を許せないと思っている．そのような後悔や反省の中にいる保護者に，保育者は子どもたちが保護者を「大好き」という思いを持って見つめていて，今まさに同じ思いで見つめ返されることを待っていることを伝えるようにしたいものだ．

　保護者の大半は成人期で，子育てをめぐる課題も人生課題の1つである．1つ手前の青年期で習得された交渉力や妥協点の見出し方など社会人としての対応力が，今度は子どものために発揮される．人によっては，保護者自身の性格や状況から対応力が発揮できない人もいる．中には，何段階か前の課題を積み残していて，大人の顔を維持するだけで精一杯で，子どもを抱えていることが負担にしか思えない人もいる．保護者の子育て中の苦労については8，9章に詳しいが，子育ては24時間降りることができない，長期にわたる仕事である．その重責を担う覚悟をしただけで，保護者としては十分であり，目の前の子どもを育てていく過程で，徐々に子どもとの適切な関わりを習得していけば良いのである．保育者は，「良い親」「悪い親」と審判的に見るのではなく，子育ての伴奏者として寄り添っていきたい．

　子育ての最も身近にいる保育者は，家族の最初のボタンの掛け違いが起こったときに立ち合うことができる数少ない専門職である．相談にあたる専門家は多くいるが，ほとんどの職種は問題が行き詰まりこじれてからつながることが多い．行き違いを引き起こす心情は誰もが持つ感情であることが多いので，保育者は先走って警戒しすぎず，家族一人ひとりの気持ちに寄り添っていくことを心がけたい．家族の「うまくいかない」は，親としての能力の結果ではなく，家族のうまくやっていきたい願いと努力が成果を見ていない印である．努力が手ごたえに結びつけば好転する．保育者は手応えを得るきっかけを提供すべく知恵を絞ってほしい．

2　祖父母世代にとっての意義

　保護者世代が共働きの場合，祖父母は子育てを支える力として大いに期待される．祖父母から見た孫世代というのは，誕生に関する直接的責任を担わない分，無条件でかわいいと思える存在だといわれている．そして，命がつながっていく安心感が，自分の身体的衰えを受け入れ，残りの時間や力を子どもたちのために使いたい気持ちになるものだという（詳細は5，8，10章）．

　自分たちの子育ての時は，必死で振り返るゆとりもなかったが，自分の子どもの子育ては，距離をとって見ることができる．保護者のすることが，まさに自分自身がしてしまっていたことだと気づかされることもあるかもしれないし，保護者初心者の子どもに「肩の力を抜いたらいいのに．子どもは子どもの力でやっていくところがある」と慰めたくなる場面もあるかもしれない．孫育てに関わっていく中で，子どもの思春期にこじれた関係を修復する人もいるし，そのような保護者を育

16　第Ⅰ部　生涯発達から見た子ども時代の重要性

てた自分の子育ての反省やふりかえりをする高齢者もいるだろう（詳細は5，8，10章）．

　保育者で接する成人期後期～老年期の人々は，主に園児の送り迎えに参加する祖父母であろう．自分たちの親世代より上の世代の人々に気を遣い苦手感があるかもしれない．老年期特有の身体的不調や人生の捉え方を理解しておき，無理のない範囲で子育ての強力な協力者にしていきたいものである．

3　子育てを通じての世代間相互関係

　園では，敬老の日の行事などで**世代間交流**を図る機会があるが，そのような特別な機会だけでなく，日常的に他の世代を意識しておくことが生活していくために役に立つ．

　園にいる子どもたちも，20～30年経てば，子育てをする側に立ち，50年60年健康に生きていれば高齢者にもなっていく．子どもたちも自分の欲求を満たしてもらう相手としてばかりではなく，将来の自分たちの姿として見ることで，この先どのように生きていったらいいのかというイメージが自然と培われる．保護者世代にとっても，子育てにエネルギーや時間をとられる時間がいつかは終わり，ゆっくり見届ける時が来ると思える．そもそも社会は様々な世代によって構成されていて，その助け合いの中で生きている．そのようなことに思いが至れば，「自分たちだけで頑張る」という理想や「迷惑をかけられない」という遠慮のかたまりになって，子育てをしなくてもよいということが分かる．家庭は世代で子育てを継承する場であるが，同時に新しい家族を乗せて次の時代に漕ぎ出す船のようなものでもある．問題解決の度に家族の現在や過去のわだかまりが家庭という俎上に載せられ，積み重ねた時間が一人ひとりの人生，家族の歴史になっていく．

　それぞれの家庭事情を知る保育者は，家庭を家庭環境の快適さや子どもへの愛情という点からだけ見るのではなく，家族が子どもを育て上げる方向に目が向かっているか，大人たちの意欲は萎えていないかなどを見ていく必要がある．一般的に「苦しい時は，相談して」という呼びかけがなされているが，うまくいっていない状況は当事者だけでは気づきにくいものである．最もそばにいる保育者が，苦しさに気づき，問題解決の伴走に努めたいものである．

（津 田 尚 子）

乳幼児の育ちと家庭

> **学びのポイント**
>
> 　人の生涯において乳幼児期は，人生の土台となる重要な時期である．その土台は，子どもが1人で築くものではなく，養育者を中心に様々な人との関係性の中で育まれる．この章では，乳児期，幼児期前期，幼児期後期の3期に分け，それぞれの時期の子どもの育ちや心理的課題，その時期の子どもを守り育む家庭の役割について学ぶ．
>
> 事前学習課題：2章の本文を読み，学びのポイントにあるキーワードについて，その言葉の意味を書き出しましょう．
> 事後学習課題：2章で学んだ内容から，あなたが保育者として何を大切にしたいのか決意表明しましょう．
>
> 　キーワード：基本的信頼，愛着の発達，自律，自主性，三者関係，家庭の役割

第1節　乳児期（0歳から1歳）の育ちと家庭

1　乳児期の育ち

1)　赤ちゃんと母親の出会い

　人間の赤ちゃん（以下，乳児）は，他の哺乳動物と違い，世話をされなければ生きられない存在として生まれる（A. ポルトマン（1897-1982）による「**生理的早産**」）．しかし，乳児はただ無力な存在というわけではなく，不思議なことに生まれた直後から「人の顔の形」に注目したり（R. L. ファンツ（1925-1981）による選好注視法），人の顔の中でも特に舌の動きをじっと見て真似をする**共鳴動作**（A. N. メルツォフ（1950-）ら）など，人への関心が備わっていることが分かっている．乳児は生後しばらくの間，ほとんどの時間を眠って過ごすが，授乳の時には母親（以下，養育者）の方をじっと見たり，言葉をかけると身体で反応したりする．このように，生後すぐから乳児と養育者は**相互作用**を始めているのである．

2)　愛着（アタッチメント）の形成

　乳児はお腹が空くなどの何らかの不快を感じると，大きな声で泣いて訴える．養育者は「どうしたの，おっぱいが欲しいのかな？　よしよし」などと言葉をかけながら抱き上げ，温かなまなざしを向けながら，授乳したりおむつを替えたりして世話をする．この時，乳児は生理的な欲求を満たされて不快から快への充足の感覚を得て，興奮が静まる．このようにして養育者は乳児からの欲求のサインを**敏感に察知**し，**応答的**に世話をする．

生後3か月頃には，養育者が乳児に笑いかけると，それに反応して微笑みを見せる．これを**社会的微笑**といい，睡眠不足や疲労がたまっていた養育者も，あらためて我が子を愛おしく感じ，あやしたり，話しかけるなどの関わりが増えていく．このような日々の相互作用を通して，生後6か月頃には乳児と養育者との間に**愛着（アタッチメント）**と呼ばれる情緒的な結びつきが形成され始める．

愛着理論を提唱したJ.ボウルビィ（1907-1990）は，愛着を「人間または動物が，特定の個体（人間または動物）に対してもつ情愛の絆」と定義している．また，愛着（attach）には「くっつく」という意味があり，乳児が不安や恐怖を感じた時，守ってくれる人にくっつくことで安心し，安全の感覚を得るシステムであると示している（ボウルビィ，1991）．

乳児は生後8か月頃になると，養育者と見知らぬ人を区別し，見知らぬ人に抱っこされると泣き出すなどの，いわゆる**人見知り**がみられたり，養育者の姿が見えなくなると泣いて後追いをするなど分離への不安を強く示す．これらの様子は**8か月不安**と呼ばれ，乳児と養育者のあいだに強い情緒的な絆が結ばれたことを示すものである．

3） 基本的信頼の獲得

エリクソンは，生まれてから1歳頃までの乳児の心理・社会的危機を，「**基本的信頼**」対「**不信**」とした．基本的信頼（basic trust）とは「自分は生きていてよいのだ」「存在していて良いのだ」といった，いわば世界への信頼感であると同時に，自己への信頼感でもある．それは，養育者によって生命を守られ，応答的で情緒的に世話をされる関係，つまり愛着の形成過程で育まれる．一方，養育者がいつも完璧に乳児の欲求を満たし，全く不快にさせないということはありえず，乳児は世話をされる中で不信（mistrust）も当然のように感じる．エリクソンは，この不信を感じることも，生きていく上で欠かせない経験であり，むしろ重要であると述べている．最終的には「信頼」が「不信」を上回ることが重要であり，その感覚が将来の自己や他者への信頼感の基盤となり，生きていく上での「希望」を感じる力につながるとした．

このように考えると，人にとって生まれてから最初の1年の世話をされる経験がいかに重要でるかが分かるだろう．

2 乳児期と家庭
1） ひとりの赤ん坊というものはいない

D.W.ウィニコット（1896-1971）の有名な言葉に，「ひとりの赤ん坊というものはいない．いるのは赤ん坊と母親の一対（set up）である」というものがある（ウィニコット，1960：35）．これは，乳児のそばにはいつも母親（養育者）がいることを表している．養育者は乳児の欲求に対して献身的に世話をする．そのためには養育者が安心して育児に没頭できる家庭環境であることが重要になる．

乳児期の育児は，言葉を話せない赤ちゃんを相手に，夜中の授乳や抱っこなど，年中無休の重労働であるといえる．そのため，養育者，特に母親の疲労や負担は大きく，密室の中で煮詰まってしまう危険性をはらんでいる．第1子であればなお，初めての育児に不安や戸惑いがあって当然であろう．

この時期に留意すべきことの1つに，母親の**産後うつ病**の問題がある．産後うつ病になると，母親は子どもに情緒的に関われなくなり，愛着形成不全を引き起こす．この病気は，本人は病気だと気づけないことが多く，子どもを可愛がれない自分を責め，深刻な場合は自死に至ってしまうこともあるため，周囲が早急に気づき，治療につなげる必要がある．近年は，父親も育児不安やうつ的になるという研究がある（日野ほか，2021）．男性の育児休暇取得が社会的に推奨されるようになり，令和5年度には30.1％の父親が休暇を取得している（厚生労働省，2023d）．共働き家庭が増加し，夫婦での子育てが当たり前になる中で，積極的に育児を楽しむ男性も増えている一方，女性と同じように仕事と家事・育児の両立に悩む男性もいることを，保育者は理解して関わる必要があるだろう．

2) 赤ちゃん部屋のおばけ

乳児が大きな声で泣いて要求してくる時，それを自然に受け入れ，共感し，対応できる時もあれば，なぜか気持ちがイライラしたり，思いがけず強い怒りがこみ上げてきたりすることがある．乳児と養育者が二人きりでいる時に，不意に養育者を襲う言葉に表しがたい不安や恐怖，苛立ちや嫌悪感などを，乳幼児精神医学者のS. フライバーグ（1918-1981）は**赤ちゃん部屋のおばけ**と名づけた．フライバーグは，乳児のいる家庭に訪問支援を行っていた．その時，子どもの泣き声にカッとなって無視してしまう母親がいた．その母親自身，乳児の頃に親から放置されて育ち，その時の辛い記憶が瞬間的に蘇るために，乳児の泣き声に過剰に反応して身構えてしまうことが分かったのである．フライバーグが母親の辛さに共感し「あなた自身が幼い時に見捨てられて辛かったのですね」と伝えると，母親はポロポロと涙を流して自分の過去を振り返り，やがて乳児への葛藤が解消し，穏やかに触れ合えるようになったという（渡辺，1996）．

日本の児童虐待相談対応件数が年々増加している中，虐待によって亡くなる子どもは，ほぼ毎年，0歳児が半数を占めている．2021（令和3）年度の「こども虐待による死亡事例等の検証結果等について（第19次報告）」における乳児期に関する考察では，① 両親がそろっている家庭において，死亡時の子どもの年齢は「0歳以下」が52.3％と多く，加害のきっかけは「子どもが泣き止まない」が，他の理由に比べて多い．② ひとり親（同居者あり）の事例では，68.4％が未婚であることに加え，死亡時のこどもの年齢が「0日」や「1～6日」と生後1週間未満が半数を占め，さらには遺棄や医療機関等以外の出産が多いという結果が示されている．

以上から，生まれてきた子どもの命を守り育むためにも，乳児のいる家庭を**孤立**させない支援がいかに重要か理解できるだろう．乳児期の家庭は，愛しい子どもを育てる喜びや慈しみ，楽しさに溢れているだけではない．不眠不休で子どもの命を守らなければならないプレッシャーの中，いくら世話をしても泣き止まない乳児の切り裂くような泣き声とともに，原始的で衝動的な不安や怒り，恐怖の情動が渦巻くこともあるのである．保育者は，乳児を迎えた家庭とは，子育て家庭として生まれたばかりであることを心に留め，その心情を理解し，支援する視点が求められる．

第2節　幼児期前期（1歳から3歳）の育ちと家庭

1　幼児期前期の育ち

1）「歩くこと」と「話すこと」

　幼児前期は，筋力の発達とともに，心身の様々な機能が著しく発達する．乳児から幼児への節目となるのが，**自立歩行**と**言葉の獲得**である．

　自立歩行は，個人差はあるが，1歳頃によちよち歩きが始まり，1歳6か月頃には転ばずに歩けるようになる．自分で歩けるようになると，歩くこと自体を楽しむようになり，やがて走ったり，階段をのぼったり降りたりして自分の意思で体をコントロールすることに喜びを感じるようになる．このような運動機能の発達（**粗大運動**）とともに，手先のコントロール（**微細運動**）も発達する．1歳頃には指先で物をつまむことができるようになり，やがて積木を積んだり，クレヨンでぐちゃぐちゃ書きをして遊ぶことを楽しむ．2歳頃になると，本のページをめくったり，鉛筆で少しずつ形を描けるようになるなど，物の使い方に応じた動きができるようになる．

　言葉の育ちは，1歳前後の**指さし**を経て「ママ」「マンマ」「ワンワン」などの**初語**が見られ始め，1歳3か月頃には自分の名前を理解し，呼ばれると返事をするようになる．2歳頃には**二語文**，3歳頃には**三語文**を話せるようになるが，それ以前から大人の会話を聞いており，「○○を取って来て」などの簡単な指示を理解し，動くことができる．

　このように，子どもは幼児期に入ると歩行や言葉といった人間特有の重要な機能が急速に発達し，乳児の頃とは比べものにならないほど活発に活動し始める．

2）　自律の獲得

　運動機能の発達とともに身体的機能も整い，自分でできることが増えていく．幼児期前期の子どもの大きな目標の1つは，食事，排泄，衣服の着脱などの基本的な生活習慣を身につけることである．

　エリクソンは，この時期の子どもの心理・社会的危機を「**自律**」対「**恥と疑惑**」とした．**自律**（autonomy）とは，自分で自分のことができるようになること，自分の行動をコントロールできるようになることである．エリクソンはまた，この時期の幼児の特徴的な心身の様式を**保持と放出**とした．その象徴が，排便である．肛門括約筋の発達とともに，自分の意志でウンチを溜めて（保持して）がまんできるようになる．また，うまくコントロールして適切な時にウンチを出す（放出する）と，養育者が喜ぶことを知る．乳児期に基本的信頼という土台を築いていることで能動的になり，大好きな養育者を喜ばせたいという思いと，「自分でできるようになりたい」という意欲が，生活習慣を身につけていく時の原動力になる．一方で，思い通りにできず失敗すると「恥ずかしい」と感じたり，養育者から疑いの目を向けられていると感じたりする．ここで着目したいのは，他者の視線を感じ取ることができること，つまり自己と他者を区別し，1人の人としての自己を確立する時期でもある点である．この時期には，トイレトレーニングなどの「**躾（しつけ）**」が始まる．子どもは，養育者への愛情と，制限や禁止されることへの戸惑いや怒りのあいだを揺れ動く**アンビバレン**

第2章　乳幼児の育ちと家庭　*21*

表2-1　愛着の発達段階

第1段階（誕生から生後3か月頃まで）初期の前愛着段階
まだ人の弁別（区別）ができていないため，誰に対しても見つめたり，ほほ笑んだりする．愛着はまだ形成されていないが，大人の関心を引き，長い時間引き寄せたり，話かけられることにつながる．
第2段階（生後3か月〜6か月頃まで）愛着形成段階
特定の人（母親や養育の主体となる人）の声や顔に敏感に反応するようになり，愛着を抱き始める．他の人よりも多く見つめたりほほ笑んだりするが，不在に対して泣いたり，不安を示すことはない．
第3段階（生後6か月〜2，3歳頃まで）明確な愛着段階
特定の人と明確な愛着を形成する．不在になると大泣きし，後追いをしたりして接触を求める．見知らぬ人には警戒心や恐怖心が強くなり，**人見知り**を示す（**8か月不安**ともいう）．父親や年上のきょうだいにも愛着が広がる（**二次的愛着対象**）．愛着対象を安全基地とした**探索行動**が見られる．
第4段階（3歳頃〜）目的修正的協調関係
愛着対象の動機や行動を推測できるようになり，それに合わせて自分の行動を調節しながら協調的に愛着を満たそうとする．必ずしも愛着対象との身体的接近を必要としなくなる．

（出典）井戸編（2012：102-103）をもとに筆者作成．

ト（葛藤）な体験を経て，それでも自分を認め，支えてくれる養育者を心の中に保持できるようになることで，1人の人として自律を獲得していくのである．

3）愛着の発達——「2人でいる」から「1人でいられる」へ——

　幼児はハイハイや歩行を始めるようになると，愛着対象である養育者のそばを離れ，探索行動をするようになるが，時折養育者のもとに戻り，ひざに乗ったり抱きしめてもらったりして安心し，再び離れていくことをくり返す．これは，養育者を**安全基地**として，探索にともなう不安や恐怖感を落ち着かせてもらうだけでなく，離れても再会できるということを心の中でくり返し確かめている姿であると考えられている．

　ボウルビィは愛着の発達していく過程を4段階に分けて示している（表2-1）．第3段階は，いわゆる**「イヤイヤ期」「第一次反抗期」**と重なる．子どもは「自分でやりたい気持ち」と，「やってほしい気持ち」との間で激しく揺れ動き，**甘え**（「ママ，やって！」）と**拒否**（「自分でやる！」「イヤ！」）」を繰り返す．養育者は子どもに振り回されていると感じながらも，ゆとりを持って粘り強く対応することで，子どもは自分の感情や行動をコントロールすることを学んでいく．こうして愛着対象を安全基地とした探索行動を経て，祖父母や年上のきょうだい，保育者などにも愛着が広がっていくのである（**二次的愛着対象**）．

　乳幼児と養育者の関係性について直接観察により研究したM. マーラー（1897-1985）らは，1歳4か月から2歳1か月（16〜25か月）頃の幼児は，一度養育者から離れるが，養育者を失うことを怖れ，再び養育者のもとに飛び込んできたり，追いかけてもらうことを期待して飛び出したりするなど分離不安が強まる様子を観察し，**再接近期**と名づけた．養育者からすると，人見知りや後追いで手がかかっていた子どもが，1歳をすぎて落ち着いてきたなと思った途端，再び手がかかることになる．そんな時，ある養育者は，しがみついて甘えてくる子どもに「もう大きいんだからあっちに行きなさい」と突き放し，ある養育者は，自分から離れようとしている子どもに対して，自身が寂しいという理由で「もっと甘えていいよ」と甘えさせようとするかもしれない．そうなると幼児

は混乱し，養育者から安心して離れられず，不安定な心の状態に置かれてしまうと考えられている（「再接近危機」）．マーラーらによれば，養育者は一貫した情緒的な態度で受け止めることが大切で，それにより幼児の心の中で安定した自己と他者が分化していくとした．

2 幼児期前期と家庭

乳児期は，授乳や抱っこ，おしめを替えるなどの「世話」が中心だったが，幼児期になると養育者も子どもへの接し方を変えていかなくてはならない．幼児期前期の家庭における中心的なテーマは，先にも述べた「しつけ」の問題であろう．

しつけがスムーズにすすむためには，子どもと養育者とのあいだに愛着が十分育まれていることが重要になる．その上で，しつける側の養育者は，子どもを1人の人として認め，その意志やペースを尊重し，忍耐強く付き合うことが肝要になる．一方で，養育者の性格や，養育者自身が親から受けたしつけのやり方が反映し，親子が激しく対立したり，親が支配的になって子どもが言いなりになっていたり，その逆もあったりする．あるいは子どもの甘えたい気持ちから，退行することによってしつけが滞ってしまうこともあるだろう．保育者は，子どものしつけについて養育者から相談された場合，しつけについての養育者自身の考え方や価値観を聞かせてもらいながら，子どもと養育者の性格，親子の関係性，今，親子のあいだで何が起こっているのか，どのような心理が働いているのか等に十分視点を持ちながら，解決方法を一緒に考えていくことが大切である．

●事例2-1

> 3歳のCちゃんは，幼稚園に入る前にトイレトレーニングを終え，入園後しばらくはトイレに行くことができていたため，母親も安心していた．ところが，最近はまたおもらしをするようになり，トイレにも行かなくなってしまったので，母親は困って保育者に相談した．保育者が母親の話を聞くと，母親はCちゃんを早く自立させたいと考えているようであった．保育者からは，しばらくCちゃんを怒らず，抱っこする回数を増やすなど，少し意識して甘えさせてみてはどうかと助言した．Cちゃんは，甘えたい気持ちが満たされたのか，その後しばらくするとまたトイレに行けるようになった．

第3節 幼児期後期（3歳から6歳）の育ちと家庭

1 幼児期後期の育ち

1）自発性の高まりと他者との関わり

難しい葛藤の時期を経て，「1人の人」として自律を獲得した幼児期後期の子どもは，運動機能がさらに発達し，自分の身体を自由に動かして様々な遊びや活動に挑戦するようになる．三輪車やブランコなどの遊具を使う遊びを好むようになり，ハサミやのりを使い，想像したことや物語の世界を絵に描くなど，「できること」が大きく広がり，豊かな世界が展開する．

多くの幼児は，家族以外の他者との集団活動を始める．子ども同士で遊ぶようになり，「友達」という意識が芽生える．3歳頃は自我が急速に発達している途上でもあり，玩具や遊具の取り合い

から，**ケンカやいざこざ**が生じやすい．幼児は思い通りにならない経験や，お互いに折り合いをつける経験を重ねる中で，相手の立場に立って考え，役割を分担し，協同して遊ぶことを楽しめるようになる．また，それらの経験や集団生活を通して，してよいことや悪いことが分かる**善悪の判断**や，ルールや決まりを守ることの大切さを理解するようになる**規範意識の芽生え**が見られ始める．このように，幼児期後期は，保育者や友達との関わり合いの中で**社会性**を身につけることが大きな課題の1つである．

エリクソンは，この時期の子どもの心理・社会的危機を「**自主性**」対「**罪の意識**」としている．自主性は積極性と訳されることもあり，文字通り自分のやりたいことに主体的に取り組むことである．罪の意識とは「自分が悪いことをしたかもしれない」「自分が悪かった」と感じることであり，深い複雑な心情の1つである．例えば，自主的になりすぎて相手に迷惑をかけた時，自分の非を素直に認め，相手にきちんと謝罪できることが望ましい姿だろう．しかし，相手に怒られたり嫌われたりすることを怖れて，自主的になれない子どもや，自分への自信のなさから，自分の非を認められず，攻撃的になってしまう子どもがいる．つまり，自主性や罪の意識を経験するためには，それまでの心理的危機を乗り越え，自己や他者への信頼や自律の基盤が必要になる．

2）心の理論の獲得

これらの社会性の発達の背景に，**心の理論**の獲得がある．心の理論とは，他者にも心があることを理解し，他者の視点で考えたり，他者の心を推測したりすることができる力のことであり，「サリーとアン課題（誤信念課題）」の実験が有名である．アンの見ている前で，サリーが自分のかごにボールを入れて部屋を出ていく．するとアンはサリーがいない間にボールを別の箱の中に移す．その後サリーが部屋に戻ってきたとき，「サリーはボールを取り出そうと，まずどこを探すか？」と問う課題である．3歳ではほとんどの子どもが「箱の中」と答えて正答できない．これは，自分の見たことのみが事実であると認識し，他者の視点に立てないことを示す．しかし4歳以降になると正答率が上がり，6歳頃には多くの子どもが「かごの中」と正答するようになる．年中・年長クラスになると，周囲の状況を見て判断したり，お互いに相手の気持ちを考えて行動したりする姿が見られるのは，背景にこの発達があるためであると考えられている．それにともない，他者への思いやりの行動や協同遊びが増えていく（岩田，2011）．

3）エディプス・コンプレックス

子どもは3歳頃になると自分の性別が分かるようになり，両親の性別も理解するようになる．また，両親という関係性への興味とともに，異性の親への関心が増す．例えば，男の子は母親に対して「ママ大好き」「僕がママを守る」と言ったり，女の子は「パパと結婚する」と言ったりして独占欲を表し，同性の親をライバル視して排除したい心理を抱く．しかし子どもは元々同性の親のことも好きなので，その親から去勢されたり，嫌われたりすることも同時に怖れる．それは人生で最初に直面する「三角関係」であり，複雑でアンビバレントな無意識の葛藤である．フロイトは，この心性をギリシャ悲劇の『エディプス王』にちなんで**エディプス・コンプレックス**と名づけ，人類共通の普遍的な心理とした．子どもは最終的には異性の親をあきらめ，同性の親に同一化する（同性の親のようになりたいと願う）ことで，この心理的な葛藤を乗り越える．この時，子どもと大人は

違うという**世代感覚**や，大人には大人の世界があるという現実や等身大の自分を知り，善悪の判断，秩序や規則などの感覚を得るとともに，自らの欲求をコントロールする良心（**超自我**）を発達させていく．

2　幼児期後期と家庭

　3歳以降になると，たいていの子どもは就学前施設に通うようになるため，文字通り**親子分離**を経験する．子どもが園にスムーズに適応できれば，養育者としては一抹の寂しさを感じつつも，我が子の成長を実感し，一息つけるところだろう．しかし，いざ集団生活が始まると，友達とうまく遊べない，先生の話を落ち着いて聞くことができず，保育室から出て行ってしまう，お昼ごはんが食べられないなどといったことが起こる．また，最初は園に楽しく通っていても，ある時から急に登園したがらなくなったり，子ども自身，成長するにつれて他児との違いを感じたり，何か嫌な出来事があって，心が傷つく経験をしたりすることもあるだろう．

　一方，家庭では，きょうだいが生まれる頃でもある．養育者は下の子の育児に手がかかるが，上の子は園に楽しく通っているように見えるので，つい安心してしまうかもしれない．そうすると，上の子どもは親の大変さを察知し，心配をかけまいと甘えたい気持ちをがまんしてしまう可能性がある．

　このように，幼児期後期になると，子どもが養育者の状況や心情を汲みとることができるようになる．エディプス・コンプレックスのような無意識の葛藤も水面下で働き，子どもと両親との関係は，より複雑さを増す．大人である養育者や保育者の方が，子どもが無理をしていないか気を配り，子どもの気持ちを察知し，受け止めることが必要である．

　ウィニコット（1960：40）は，乳幼児期の子育ては，3つの段階に分けることができるとし，a）抱っこ　b）母親と幼児がともに生きること　c）父親，母親，幼児の三者がともに生きることと記した．a）の抱っこは，乳児期の乳児と養育者の一対を表し，b）は幼児期前期の幼児の自己主張と，それを受け止める養育者，c）は文字通り，1人の人となった子どもと父親，母親の**三者関係**を示しているといえる．そこにきょうだいの存在も加われば，さらに複雑化する．大事なことは，三者といっても対等なのではなく，家庭の運営を担うのは大人である両親の役目であるという意識であり，まだ幼い子どもに精神面で大人の役割を担わせないよう留意することが必要である．

（高橋千香子）

第3章

学童の育ちと家庭

学びのポイント

　本章ではまず，学童期における子どもの発達面にみられる基本的な特徴と課題，学童期の子どもに対する家庭の役割について理解を深めることを学びのポイントとする．これらの学びを通して，子どもの発達に沿った支援を展開していくための基礎的な力を身に付けていくことを中心的なねらいとする．同時に，保育者への道を志しその歩みの最中において，あなた自身の発達を見つめ直すことの意義を知り，自らの成長への機会としていただきたい．

事前学習課題：3章の本文を読み，学びのポイントにあるキーワードについて，その言葉の意味を書き出しましょう．

事後学習課題：3章で学んだ内容から，あなたが保育者として何を大切にしたいのか決意表明しましょう．

　キーワード：子どもの育ちと家庭，学童期，勤勉性の獲得，発達の見つめ直し

第1節　学童期の育ちと家庭

1　学童期は穏やかな時期なのか？

　精神分析の創始者であるフロイトは，**学童期**をその前後の乳幼児期や青年期に比較すると身体的にも心理的にも成長の速度が落ち着いた緩やかで穏やかな時期になるとして，「**潜伏期**」という言葉で表現をした．日本の精神科医である神谷美恵子（1914-1979）もその著書『こころの旅』（2005）の中で，学童期を凪のときと表現し，比較的落ち着いた時期としている．

　確かに学童期は，言葉を発するようになったり，歩行が可能になったりするなど，心身の成長発達が著しい乳幼児期や，心理的な揺れ動きが激しく，急激な身体的成長がみられる思春期とも呼ばれる青年期に比べると一見比較的なだらかな時期と捉えることができるかもしれない．しかし一方で，子どもを取り巻く環境，社会の目まぐるしい変容がみられる近年において学童期を過ごす子どもたちはその内面において本当に穏やかななぎの時期を過ごしているのだろうか．

　乳幼児期の子どもたちは，その時期において必要な様々な成長発達に関する"宿題"に取り組んでいる．それらの宿題に加えて近年顕著化している「早いうちから」「後れを取らないように」という子どもを取り囲む社会風潮の最中で，子どもたちはそのピカピカの大きなランドセルの中に乳幼児期にやり残した心の成長のための宿題が詰めこみながら，追われるように同時にこの時期（学

童期）の課題に取り組まなければならない状況下に置かれているのかもしれない．また，現在は身体的な成長も早熟な傾向にあるといわれている．かつては中学生になって以降の出来事であった思春期の始まりも，学童期（小学生時代）の後期で見られるようになってきており，精通や初経の低年齢化が進んでいる．

　乳幼児期からのやり残した宿題をこなしつつ，この時期の課題に取り組み，さらには青年期への準備に取り組んでいる学童期の子どもたちは，どうしてなかなか忙しい時期を過ごしているのではないだろうか．さらに現在の社会状況が子どもたちの忙しさを加速させている側面もあり，学童期はもはや一概には穏やかな時期とは呼べなくなっているのかもしれないという実情を子どもの成長発達を支える者として理解しておきたいものである．

2　学童期の心理社会的発達課題

　人間の成長と発達の段階に関する有効なモデルの１つにエリクソンが提唱した心理社会的発達理論がある．ここでは**心理社会的発達理論**を軸にして学童期の発達とその課題についてみていくことにする．

　フロイトの**精神性的発達理論**，ピアジェの**認知発達理論**が乳児期から青年期までの限られた期間について扱ったのに対して，エリクソンは，人間を心理的な存在だけではなく，社会的な存在，つまり周囲の人々との関係の中で成長発達していく存在として捉え，人間の発達について生涯を８つの段階に分けて記述し，その各段階を解決されるべき特定の危機（獲得されるべき課題）によって特徴づけている（詳細は１章を参照すること）．ここでいう“危機”とは単に危険（クライシス）を指しているのではなく，同時に機会（チャンス）という両方の意味を含んでいる．エリクソンのいう危機とは，それぞれの段階にある課題をクリアすることで次の発達段階に移行することができる人生における「ターニングポイント」を意味している．つまり，発達において前進もしくは後退の可能性によって特徴づけられる移行時期を意味しているのである．

　心理社会的発達理論によると，学童期の主な心理社会的危機は「**勤勉**」対「**劣等感**」である．この時期の中心的な課題は，勤勉性の感覚を自分の中に取り込み獲得することにある．しかし，その感覚を獲得し損ねた場合，自分は不十分な人間であるという劣等感を強く身につけてしまうことになる．この時期の子どもは小学校に入り，それまでの時期に比べより多様で広がりをもった人間関係の中で自分を囲む世界についての理解を広げていく必要がある．勤勉性の感覚を発達させていくということは，自ら目標を見出していく力を発達させることと言い換えることができる．それは，小学校で新たな課題に挑戦したり，成功体験を積み重ねることで次の段階を目指しそれに取り組もうとする能力のことを意味している．

　勤勉性の感覚をもつ子ども（人々）の特徴として，新しいことや考えを学ぶことに対して楽しみを持てること，自分が何かを生み出せる者として喜びや自信を見出せること，少なくとも何か１つうまくすることができることにプライドの感覚を持つこと，批判をされてもそれをうまく取り入れて自分をよりよく向上させていこうという態度を取ることができること，粘り強く忍耐力を発揮して物事に取り組んでいけることなどをあげることができる．学童期における発達課題である勤勉性

の獲得は，その前段階の発達において家庭や保育所，幼稚園，こども園などでの他者との関係，経験によって獲得される「**基本的信頼**」，「**自律**」，「**自主性**」が連続性をもった基盤となっている．

　人生の早い時期に学業において大きな挫折，失敗を経験した子どもは，多くの場合，その後の人生においてより深刻な問題を抱える可能性が大きくなると考えられる．学童期に学習に関する問題を抱える子どもは，自分は価値のない人間であると感じ始める可能性を有している．そのような感情を抱いている場合，それはしばしば他の子どもとのよりよい関係づくりに影を落とすことになる．そのような場合，学童期に生じやすい問題として，否定的な自己概念，強い劣等感，他者への依存傾向，新しいことにチャレンジすることへの強い恐れ，独創性の欠如などがあげられる．

●事例3-1

　Ａさんは小学校入学に向けて大きな試験を受けた．Ａさんなりに一生懸命に努力をしてその試験に臨んだが，結果は残念ながら不合格というものであった．Ａさんの気持ちは子どもながらにとても落ち込んだ．それは不合格となり自分自身でも悔しかっただけでなく，家族や周りの人たちからの大きな期待も感じていたので，それらの人たちが悲しむ顔を見た時に「僕はお父さんやお母さんを悲しませてしまった」「いけないことをしてしまった」と感じたからであった．また，残念なことにＡさんに対して，「よく頑張ったね」「一生懸命挑戦したよね」などのねぎらいや励ましの言葉は殆どかけられることがなかった．その後Ａさんは次第に自分自身のことを「失敗した人」と感じるように思うようになり，時が経つにつれ，「自分は不十分なんだ」という感覚は根深いものとなってなっていった．入学した別の小学校でも"失敗"することへの恐れや自信の乏しさのために，自分から新しいことに挑戦することが難しく，「自分はできない」という発言が目立っている．

3　学童期における家庭の役割

　家族が人間の集団性・生活共同性を示す語である一方で，「**家庭**」という語には単に「生活の場」といった空間性だけではなく，「家族の団らんの場」「休息・やすらぎの場」「家族の絆や愛情を育む場」「親子がともに成長する場」などといった家族との関係性やその関わりにおける温もりを含んでいるといえる．

　家庭には主に経済的，保護的，養育的，教育的，社会的役割があるが，子どもの成長を支えるという意味において，家庭は本来，①子どもの成長を保障する役割，②子どもの安全・安心のよりどころとなる役割，③子どもの社会性を育む役割を担うと考えることができる．

　既述のエリクソンの心理社会的発達理論に依拠するならば，特に学童期の子どもに対しては，勤勉性の獲得を支える源になることが家庭の大きな役割といえる．具体的には，家庭や学校，その他の場所において新たな課題に対して意欲的に挑戦したり，大小問わず成功の体験を積み重ねたりしていくことによって次のステップを目指そうとする能力・積極的な姿勢の育みを温かい眼差しとかかわりを軸として励まし，支え，寄り添い見守ること，子どもが次の段階に進むために活用する必要な知恵とスキルの資源（リソース）となることである．

　現代では，その家庭が有する課題から，また家庭を取り巻く社会の多様な変化から，これらの役割を十分に果たすことが難しい家庭も散見される．社会や家族のあり方が大きく変化している今，

28 第Ⅰ部 生涯発達から見た子ども時代の重要性

家庭の持つ役割について一人ひとりが広い視点と柔軟性，問題意識を持ちつつ考えていくことが必要であろう．

第2節 学童期前期（小学校1年～3年生頃）の発達

1 学童期前期の発達内容

　個人差はあれども，一般的にはこのころの子どもは，自分の行動を自分の内面でコントロールし，処理することができるようになるので，自分自身の内側のエネルギーを積極的，自主的な活動に向けて活用することが可能になる．またこの時期に集団生活に適応するための基礎が作られてくる．

　学童期前期になると，幼児期に比べ，抱っこをせがんだり，しがみついたりするなどの親などの養育者に対する愛情確認行動は減少し，自身の内面を安定的に維持することができるようになってくる．養育者の存在は絶対的なものから相対的なものへと移行していき，養育者のイメージの内在化も幼児期のそれに比べさらに進むため，身体的にも心理的にも親から離れても大きな不安に飲み込まれてしまうことがなくなっていくことによって，より外の世界へと出ていくことが可能になってくる．

　また，飲食，睡眠，排泄など，自分自身の身の回りのことを日常的なこととして自らのコントロール下に置いて行うことができるようになり，そのぶん，内面的にも余裕をもって過ごすことが可能になる．この余裕によって，遊ぶことや勉強をすること，友達など他者と交流すること，地域の人々とも関わることなど，自分の外の世界に対して関心を向けることができるようになる．身体的，心理的，知的側面からも，学習をするための準備が段々と整っていく．

　これらの発達の内容は，時間とプロセスを経て徐々に安定していくものであるため，学童期の初期の段階においては，何かのきっかけにより，幼児期に特徴的に見られる養育者にしがみつき甘えるなどの行動へと後戻り（退行）することもある．

2 学童期前期の発達と課題

　エリクソンの心理社会的発達理論に基づいた学童期全般における発達課題である「勤勉性の獲得」については第1節で説明をしたが，以下では学童期前期における発達上の課題について幾つかを取り上げ説明していくことにする．

1) 権威の象徴である存在との間に程よい心理的な距離をとることができるようになる

　この時期，子どもはそれまでの中心的な世界であった家庭から，小学校，またそこで出会う他児との関係を中心とした世界への扉を開いていくことになる．エリクソン（1950）は，この幼児期から学童期の心理社会的な環境の変化を「人生への旅立ち」と表現している．

　保育所や幼稚園，こども園は，行くか行かないのか，行くならばどこにいつから行くのかなどの選択は，保護者の考えや判断に多くの部分が委ねられているが，小学校においては，ある一定の年齢に達すると，保護者の意見が必ずしも反映されない場所での生活が義務づけられることになり，つまり，子どもにとって小学校はもはや家庭の延長ではなくなる．また，小学校の生活の中では，

教師という新たな権威の象徴が存在することによって、保護者という権威的存在の相対化が加速度的に進むことになる。つまり、これらの権威の象徴である存在とどのように程よい心理的な距離感を見出していき、関わりをもっていくかが、学童期前期の子どもが取り組んでいる大切な心理的、社会的な発達の課題となってくる。

2） 客観的・論理的な思考ができるようになる

幼児期から学童期の初期の子どもは物事の判断をするときに視覚的な見た目に大きく左右される発達的な特徴があるが（**前操作期**）、学童期でも少し時が経つとより客観的・論理的な思考が可能になり、その認知面においても発達的な変化がみられるようになる。子どもの発達を認知的な発達という側面から捉えようとしたピアジェは、この時期の子どもの認知・思考を**具体的操作期**と名づけ、この時期になると実物を見てそれをもとにして論理的な思考ができるようなるという成長的変化が少しずつみられるになり、その前段階の前操作期からの移行期と位置づけている。例をあげると、「リンゴを2つ」「みかんを5つ」なら「全部で7つ」といったような具体的な数や量を扱う問いならば論理的な思考が可能になっていく。一方で、抽象的な概念や現実と異なる仮定「例えばもしみかんがスイカより大きかったとしたら…」などをもとにして論理的に考えることは難しい。また学童期前期の子どもの認知面での発達段階の特徴として、**保存概念**の獲得があげられる。

●事例3-2

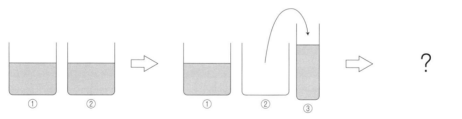

（出典）大倉・新川（2020）より筆者が一部変更を加え筆者作成．

- 同じ形、同じ大きさの2つの容器（①と②）がある。それぞれの容器に同じ高さまで水を入れ、両方の容器に同じ量の水が入っていることをBさんに確認してもらった．
- 次にBさんの見ている前で、それら2つの容器より細長い（または大きい）に別の容器（③）に片方の容器（②）の水を移し替えてみる．
- 最後にBさんに①と③とではどちらの方が水の量が多いか、それとも同じ量かを尋ねたところ、Bさんは①と③は同じ量であると答えた．
- これによりBさんの認知的な発達は具体的操作期にあり、保存概念が獲得されているされていることがわかる．

3） 内言を発達させることができるようになる

幼児期の言葉のやり取りは、保護者や信頼関係が構築されている保育者、友達といった、その子どもが知っている人に向かって話す会話、対話によって特徴づけられる。つまり、言葉を口にしてしゃべりながら、またしゃべり合いながら、思考をしているのである。学童期前期の言葉には、まだ幼児期の言葉の特徴の名残があり、具体的に目に見える「相手」の存在があって成り立っている。小学校に入り、文字、文章が書けるようになっても、授業の中で感想文を書くような場合は、その

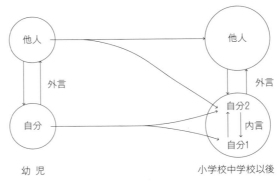

図3-1 内言の発達

(出典) 岡本 (1995).

時期の子どもにとっては,誰に書くのか,どうして書くのかわかりにくいためなかなか難しい課題になる.やがてその発達とともに,自分の中で自らと対話し思考する時期がおとずれるのだが,学童期前期では,物事を理解する際に,目に見える具体的な相手と話すことを通して思考する段階から,次の段階への移行という1つの発達の途上にある時期であるといえる(図3-1).

第3節 学童期後期(小学校4～6年生頃)の発達

1 学童期後期の発達内容

学童期は小学校に入学することで,学習という新たな活動が開始されるとともに,他者との関係にもそれまでに比べ広がりが出てくることにより,子どもは様々なつながり,関係性の中で成長する,いわば社会的な存在としての発達を遂げていく.

幼児期に他児たちとの多様な交流や遊びといったその年代の発達にとって重要な経験を通して育まれてきた力は,小学校での学習という活動につながり,そこで知識として体系化されることによって,学童期後期においては特に認知能力がさらに高まりを見せる.また,対人関係が広がり,より開かれた社会との関わりが増えていく中で,子どもはその社会にある価値観やルールを自身の内に取り込みながら道徳的側面においても発達が促されていく.

この時期の子どもは,年齢を重ねるごとに家庭で過ごす時間よりも友達と過ごす時間が増えていく.学童期前期では,その仲間関係は近隣性と呼ばれる,いわば家が近所同士であったり,同じクラスであったりといった要素に影響を受けやすい特徴がみられるが,学童期後期に差しかかるにつれ,それまでとは違い,性格や趣味趣向がフィットするといった類似性や反対にお互いの違いをより認識できるようになり,性格や趣味が異なるがゆえに惹かれ合うといった相補性が要因となり仲間を選んでいくという発達的特徴がみられるようになる.

2 学童期後期の発達と課題

1) 認知能力が発達していく

ピアジェの認知発達理論によると,学童期後期は具体的操作期が学童期前期に比べ,より確固な

ものとして確立する時期に該当する．具体的操作期の特徴については，第2節において触れたが，見かけに左右されないで具体的なものについてはより論理的に思考することが可能になってくる．さらに，この時期年齢が進み学童期後期の後半である11歳ごろになると**形式的操作期**に差しかかり，その年齢の子どもは，思考による結論を直接的な観察である見た目から得られた情報（事実）からではなく，物事をより深く想定し，頭の中で絵を描いて抽象的なものや仮定から導き出された判断によって結論を得ることができるようになる．

● **事例3-3　形式的操作期にいる子どもの例**

教員がAさんに，BさんはCさんより背が高く，CさんはDさんより背が高いとしたら，身長がいちばん高いのは誰かな？と質問をした．するとAさんは，Bさんがいちばん身長が高いと答えた．

2）　道徳性が発達していく

ピアジェは，子どもの道徳性は10歳前後を境にして**拘束的・他律的**な段階から**協同的・自律的**な段階へと移行し発達していくと考えた．10歳ごろまでの子どもは，規則とは尊敬の対象である他者としての大人が決めた絶対的なもので，変えることができないと考えているが，10歳ごろを過ぎると子どもは，規則は永続的なものではなく，規則は合意によって変えることができるものであると考えることができるようになる．つまり，他律的なものから，自律的なものとしての理解が進み，決められた規則を守ることに焦点が置かれることから，子ども自ら自分たちで考え規則を守る段階へと発達をしていくとした．

3）　仲間関係が広がりをもつようになる

学童期前期の子どもは，家が近所である，同じクラスで教室の座席が近いなどの理由から仲間を選ぶ傾向がみられるが，学童期後期になると同年齢，同性の仲間と徒党を組んで遊ぶことが多くなってくる．このような発達的特徴がみられる時期を「**ギャング・エイジ**」と呼び，このような集団をギャング集団（グループ）と呼ぶ．ギャング集団にとっては同じ活動をすることで一体感を感じることが重要な意味を持つ．ギャング集団は閉鎖性，排他性の色合いが強く，自分たちでグループ内の独自のルールを決めたり，グループ独自の合言葉や秘密の集合場所（基地）をもつようになったり，グループで活動の計画を立て，実行するようになる．また，大人から干渉されることを避けようとする様子も特徴的な姿としてみられ，仲間による承認が大人による承認よりも重要になるため，ときに大人からは禁止されている行動をしてみたり，仲間との規範をより優先したりすることもある．

子どもは，ギャング集団としての活動や関わりを通して，集団内のルールを守ること，仲間との協力や相互理解，帰属感や責任感などの集団生活において必要な能力である社会性を培い，発展させていく．そういった視点から，学童期後期における課題である仲間関係を広げることの特徴的な表れであるギャング集団の形成は，子どもの発達においての社会性の拡大や対人関係スキルの発達において重要な意味合いをもっていると考えることができる．しかし近年の子どもを取り巻く状況は，少子化や子どもの生活の多忙化による遊び時間の減少，また自由に遊ぶことができる空間，大

人の目から隠れることができる子どもたちだけの居場所の減少，通信ゲームの発達などによる子どもの遊びそのものの変化などから，明確で面と向き合ってのギャング集団の形成が難しくなってきている現状がある．学童期後期ならではのギャング集団での体験の不足は，対人関係について学ぶ貴重な機会の減少へとつながることから，本来この時期にその基礎が育まれるはずの社会性の欠如からその後の発達段階において集団生活や活動においての適応の問題の要因となる可能性が危惧されている．

第4節　自分（あなた）自身の発達を見つめ直す

1　自分自身の発達を見つめ直す意義

　保育の本質という視点に立って学修者に問いたいことは，保育とはそもそも何であるのだろうか．また，保育は何を基盤として行われるものなのだろうかということである．保育者への道を志す上で，学修者はこれらの問いと常に真摯に向き合っていくことが必要なのではないだろうか．なぜならば，保育とはとどのつまり人と人との関係を基盤として行われる業だからである．どんなに詳細な道標となるマップや役に立つ使い勝手の良いナビゲーションツールがあったとしても，使う側にいる者がそれらを適切に活用する術を身に付けていなければ，その機能を十分に発揮することはできない．つまり保育の実践においてその質を決定する最も根源的な要素とは「保育者自身」そのものであるといえるであろう．

　保育において，子どもの人と関わる力の育みを支援するのであれば，その子どもと向き合う保育者自身の人と関わる力こそがその支援目標への到達の扉を開くための鍵となる．保育者が，子どもの生活や成長発達を豊かなものとなるように，また子どもが自らの力を育んでいく過程を支援しようとするのであれば，単に子どもだけに目を向けるのではなく，保育者への道を志す者が自らの日々の人間関係のあり方，人生観，人間観，そして自分自身のこれまでの発達を見つめ直し，己を深く知ろうとし，真に支援的なはたらきを具現化する支援者となっていくうえで自分自身の内側への旅を続けることは有意義な取り組みである．

2　何をどのように見つめ直すのか

　本章では，エリクソンの心理社会的発達理論をその軸にして，学童期の子どもの発達についての理解を試みたが，「支援者よ，汝自身を知れ」といわれるように，保育者が自らの学童期とそれ以前の発達の時期において各発達段階における発達課題を獲得してきたのか，それともなんらかの取りこぼしがあるのか，また自分自身の発達早期にその後の人生の基盤をどのように形成したかを中心に見つめ直すことは保育者として，また1人の人としてとても意義深い取り組みである．保育者自身のどのような人生経験，特に人間関係における出会いや経験が，子どもたちの関わりの力を伸ばし強める支援の実践においてどのように役に立つのか，もしくは適切な支援の実践を妨げる要因となり得る可能性があるのか，それらの観点から自分自身の人生経験，これまでの人間関係を見直してみることを強く勧めたいと思う．

3 見つめ直しがもたらす実

　保育者が，目の前にいる子どもたち一人ひとりをきちんと見つめる目を養うとともに，もう1つの目として，自らの内側に対して目を凝らし正直さをもって己を吟味する資質を養っていくことができるならば，そのはたらきは自ずと子どもたちの中に豊かな実を結ばせるものとなっていくであろう．自らの**ストレングス**（強味・良さ・力）をさらに活かしていくために，また，時間をかけて自分の改善が必要な点と向き合い，その存在を受け容れながら回復に努めていくために，どのように取り組むことができるのかを考える，慌ただしい現代においてそのような内面の静けさと，時間をかけた（プロセスを大切にした）深い自己に対する省みに基づいた決して表層的なもので終わらない，深みのある気付きと，その気づきに根ざした具体的で積極的な取り組みという行動が，実り豊かな保育，つまり本章の主題である子どもの学童期における発達と発達課題への取り組みである「勤勉性の獲得」のための基礎を支え構築する保育実践の実現につながっていくであろう．

（小山　顕）

第4章

青年の育ちと家庭

> **学びのポイント**
>
> 青年期は，人の生涯の中で乳児期に次いで心身が激しく変化する時期である．身体が大きく成長するだけでなく，保護者や友人を始めとする同世代との対人関係にも変化が見られる．それは，保護者など大人に保護されていた時代から，自らの力で世界に向き合う「大人」へと向かっていく準備といえるだろう．その際，どのような「大人」を目指そうとするか，また他者とどのような関係を築こうとするかは，それまでの家庭での育ちが強く影響してくる．では，どのような影響の中でどのような変化が見られるのか，具体的に見ていこう．
>
> 事前学習課題：4章の本文を読み，学びのポイントにあるキーワードについて，その言葉の意味を書き出しましょう．
>
> 事後学習課題：4章で学んだ内容から，あなたが保育者として何を大切にしたいのか決意表明しましょう．
>
> キーワード：二次性徴，心理的離乳，アイデンティティ，キャリア発達

第1節　身体発達

1　身体の変化

　小学校高学年の頃から中学生頃にかけて，急に身長が伸びた覚えがある人も多いのではないだろうか．人の生涯において身体が急激に変化する時期（発育スパート）は2回ある．そのうちの1回が胎児期から乳児期にかけてであり，もう1回が学童期後期からのこの時期にあたる．

　また同じ頃，声変わりを経験したり，体毛が生えてきたり，乳房が膨らんでくるなど，日に日に体つきが変化していった記憶を持つ人も多いだろう．生物学的な性差，すなわち性徴が見られる2度目の時期（二次性徴）もこの時期である．一次性徴は胎児期にあり，外性器が形成される．そして二次性徴では性ホルモンの分泌量が増え，生物学的な性に依拠して身体が質的に変化していくのである．

　こうした身体の変化が見られる時期については個人差も大きいが，性差もあることが知られている．小学校高学年から中学生にかけての年間発育量をみると，男子のピークは11歳〜12歳頃であるのに対し，女子のピークは9〜10歳頃であり，女子の方が男子よりも2年ほど早いことが分かる．つまり，女子の方が男子よりも早い時期に急激な身体の変化が始まり，その後2年ほど遅れて，男

第4章 青年の育ちと家庭 *35*

表4-1　中学生の身体変化に対する心理的受容度

(%)

| | 男子 | | | 女子 | | |
	声変わり	発毛	ひげ	胸の発育	発毛	初経
大人になれて，とてもうれしかった	4.4	3.3	2.2	3.6	0.7	3.2
大人になるうえであたりまえだと思った	28.5	28.2	22.9	35.8	27.1	32.8
別に何とも思わなかった	59.2	53.6	56.3	41.7	34.8	24.9
いやだったが，しかたないと思った	6.0	13.4	15.6	15.4	30.2	30.8
とてもいやで，できればそうなってほしくないと思った	1.9	1.4	3.0	3.4	7.2	8.4

（出典）上長（2015）.

子の身体も急激に変化していくのである．

2　変化する身体へのとまどい

　小さい頃，久しぶりに会った親戚の大人から「大きくなったね」と言われ，誇らしいような嬉しい気持ちを感じた覚えはないだろうか．幼少期においては，身体の変化は子ども自身にも肯定的に受け止められていることが多い．しかし，青年期における身体変化については，それほど単純にはいかないようである．

　それは，この時期に二次性徴が見られることと無関係ではない．**表4-1**は，中学生の身体変化に対する心理的受容度を示したものである（上長，2015）．男子では，「声変わり」「発毛」「ひげ」といった身体の変化のいずれに対しても，半数以上が「別に何とも思わなかった」と回答しており，否定的な反応を示す者よりも肯定的な反応を示す者の方が多い．しかし女子では，肯定的な反応を示す者が比較的多かったのは「胸の発育」だけであり，「発毛」「初経」に対しては4割近くが否定的な反応を示している．このことからも，特に女子において，青年期における身体変化は葛藤につながりやすいと言えるだろう．

　実際，向井（2010）は中学生を対象に身体発達と心理的適応の関係について調査を行い，初潮経験後6か月から1年未満の女子の抑うつ傾向および不安症状が高かったことを報告している．こうした身体の変化に対する葛藤は，時に摂食障害（思春期やせ症）やその他の精神疾患に結びつく可能性もあることから，周囲の大人は注意を払っておくことが必要である．

第2節　親子関係

1　保護者からの自立と依存

　人は様々な他者と関わり合い，影響し合って発達していくものである．中でも，その人に対して大きな影響力を持つ存在のことを**「重要な他者」**と呼ぶ．乳幼児期の子どもにとっては，重要な他者は保護者であることが多い．小さな子どもが，クラスの他の子どもに対してひどく大人ぶった口調で注意しているのを耳にしたことはないだろうか．家庭における保護者の立ち居振る舞いを真似ながら，子どもはその価値観や行動規範を自らのものとしていくのである．

この「重要な他者」は，学童期から青年期にかけて保護者から同性の友人へと移行する．つまり，青年は保護者よりも友人と価値観や行動規範を共有し，行動するようになるのである．しかし，青年の間で高く評価されているものであっても，大人にはその価値が全く理解されないことは多い．中学生や高校生の頃，自分たちが好むものに対して周囲の大人が首を傾げる様子を見た人も多いのではないだろうか．

こうした価値観の相違は，保護者を始めとする周囲の大人に対する意識を変化させる．青年期になると，それまで絶対的な存在であった保護者や教師は，それほど絶対視されなくなるのである．それどころか，時には反発されることもある．これは，発達に伴って自分や周囲を客観視できるようになることとも無関係ではない．自らの持つ価値観と周囲の大人の持つ価値観を相対的に捉える力が身に付くことで，保護者や教師の絶対性は薄れていくのである．

このような，保護者への心理的依存から抜け出そうとする心の動きは，乳児期の乳離れを模して「**心理的離乳**」と呼ばれる．しかし一方で，保護者から完全に独立して生きていけるかというと，実際には困難が大きい．生活面で，あるいは経済面では依存が続くといったことも少なくなく，自立と依存が共立することも多いのがこの時期の特徴である．

2 親子関係は変化したのか

従来，青年期は「疾風怒濤」の時期であると言われてきた．ジェネレーションギャップや自立心の芽生えにともなう反発，そしてそれらに基づいた二次反抗期が青年期の特徴である，という考え方は「青年期危機説」と呼ばれ，長い間，青年心理学の中で定説とされてきたものである．

だが近年，そうした激しい葛藤を伴わない青年期の親子関係の存在に言及し，青年期の親子関係を見直す動きも存在する．「青年期平穏説」と呼ばれるこの立場からは，親子間の葛藤は確かに存在するが，その多くは深刻なものではなく建設的に解決されるものも多いこと，親と子の愛着は青年期においても重要な意味を持っていることなどが指摘されている．

確かに最近は，目に余る親への反抗が話題になることはあまりない．むしろ青年期になっても反抗が目立たず，いつまでも仲が良い「友達親子」や，「パラサイト・シングル」と呼ばれるような依存的な親子関係が話題になることが多いように感じられる．そうした穏やかな親子関係を，そのまま良好なものとして捉えるか，それとも問題があるものとして捉えるかは，「青年期危機説」と「青年期平穏説」のどちらの立場に立つかによっても変わるのかもしれない．

また，親と子それぞれの性別によって，親子の関係性が異なることも指摘されている（水本, 2018）．いずれにしても，多様な親子関係の存在を前提とし，社会的に話題となりやすい現象を過度に一般化しないことが重要なのではないだろうか．

第3節　親密な対人関係

1 友人関係

前述したように，青年期においては同性の友人が重要な他者となる．友人の存在が大きな影響力

を持つようになるのである．では，青年期において友人関係はどのように形成されるのだろうか．

　保育所や幼稚園，こども園において，同じクラスの子どもたちを「おともだち」と呼称すること
は，それほど違和感を抱かれない．このことが示すように，幼少期の頃はクラス内で席が近いこと
や家が近所であるといった近接性や，関わることが多いといった単純接触の繰り返しが友人関係の
基礎となる．しかし，発達が進むにつれて近接性や単純接触の影響は小さくなり，青年期になると，
価値観が合うことや尊敬できることといった内面的な要因によって友人関係が深まることとなる．

　青年期に入った後も，友人関係のあり方は変化する．落合・佐藤（1996）は中学生から大学生を
対象に調査を行い，青年期の友人とのつきあい方には以下の6種類があること，さらに発達に伴っ
て①から⑥に進んでいくことを見出している．

　　①　自己防衛的なつきあい方（防衛的）
　　②　みんなと同じようにしようとするつきあい方（同調）
　　③　誰とでも仲良くしていたいというつきあい方（全方向的）
　　④　みんなから好かれることを願っているつきあい方（被愛願望）
　　⑤　自分に自信を持って交遊する自立したつきあい方（自己自信）
　　⑥　自己開示し積極的に相互理解しようとするつきあい方（積極的相互理解）

　さらに落合・佐藤（1996）は，この6種類のつきあい方に基づいて青年期の友人関係を「深い（積
極的関与）―浅い（防衛的関与）」「広い（全方向的）―狭い（選択的）」の2次元でまとめ，発達が進
むにつれて浅いつきあいから深いつきあいに変化し，その後，広いつきあいから狭いつきあいに変
化することを示している．

2　仲間集団

　友人関係が変化することで，仲間集団もまた変化していく．学童期には学校外での遊びを共有す
ることで一体感を高める「ギャング・グループ」が見られるが，青年期にはまた異なる仲間関係が
見出されるようになる．

　「チャム・グループ」は，中学生頃に見られる仲間集団である．同性の小集団であるのはギャン
グ・グループと同様であるが，ギャング・グループを形成するのは男子が多いのに対し，チャム・
グループは女子に多く見られるという違いがある．中学生の頃，学校内で常に一緒にいる女子のグ
ループを見た覚えはないだろうか．だが，チャム・グループで重要なのは行動をともにすることで
はない．チャム・グループでは，考え方や興味を共有することが重視される．「同じ」であること
を常に確認し合い，異質な存在は認めない．凝集性が高い一方で同調圧力や排他性も高まりやすく，
時には仲間はずれやいじめにつながることもある．

　しかし，高校生頃になると異質な存在を認めることができるようになってくる．そうした中で形
成されるのが「ピア・グループ」である．ピア・グループでは，自分とは異なる価値観や考え方を
認めた上で，同じ集団の仲間として互いを認め合うことができる．他者尊重に基づいて，互いの趣
味や将来の展望など，様々なことを語り合うのである．

3 現代の恋愛模様

青年期において，恋愛は大きな関心事の１つである．青年に人気の高いマンガやドラマには，恋愛を扱ったものも少なくない．そうした恋愛に対する関心の高まりは，同時期に進む身体の変化と無関係ではないだろう．

では，実際に恋愛を経験している青年はどの程度いるのだろうか．日本性教育協会が６年ごとに行っている青少年の性行動全国調査（日本性教育協会編，2019）によると，2017年調査におけるデート経験率は，中学生男子で27.0％，中学生女子で29.2％であった．この数字は，高校生では男子54.2％，女子59.1％，大学生では男子71.8％，女子69.3％となり，発達が進むにつれて順調に増加する．デート経験と恋愛経験は必ずしもイコールではないかもしれないが，大学生になると，男女ともおよそ７割の青年が恋愛を経験していると考えてもそれほど間違いではないだろう．

デート経験率は，時代によっても変化している．初めて中学生を対象に含めて調査が行われた1987年，中学生のデート経験率は男子11.1％，女子15.0％であった．2017年のおよそ半分であり，現在まで概ね上昇傾向が続いている．中学生は青年期の入り口であり，それまでよりも恋愛を扱うメディアに触れる機会が格段に多くなる時期である．近年はメディアの多様化もあり，恋愛を含むコンテンツに触れる機会はますます増加している．そうした状況の中で，好奇心が刺激され，恋愛を経験する青年も多くなっているのかもしれない．

一方，大学生のデート経験率は，1993年の調査では男子81.1％，女子81.4％と８割を越えていた．しかし2011年には男子77.1％，女子77.0％と減少傾向に転じ，2017年は男女とも７割前後と，明らかに減少している．なぜこのような傾向が見られるのだろうか．その原因の１つとして，恋愛を不要と考える若者の増加が指摘されている．2018年に日本財団が行った恋愛・結婚観に関する18歳意識調査（日本財団，2018）では，現在恋人がいない者のうち35.2％が，恋人が欲しいと思わないと回答していた．その理由としては「恋愛よりも趣味を優先したい」「１人でいるのが好き」「恋愛は面倒」などがあげられており，他者との関わりよりも個を重視する個人主義的な価値観がうかがわれる．また，髙坂（2011）は大学生を対象に調査を行い，恋人が欲しいと思わない者はそうでない者に比べてアイデンティティの確立の程度が低いことを指摘している．「自分が自分である」という確固とした感覚が持てないために，他者と深い関係になることをおそれ，恋愛を回避しようとしてしまうのかもしれない．

4 育ちが恋愛にもたらす影響

幼少期の育ちは，青年期の恋愛に影響するのだろうか．幼少期に家庭で見聞きした養育者間の関係性が，青年の恋愛のロールモデルになることは容易に想像できる．だがそうした単純な問題だけでなく，ボウルビィは幼少期に接した養育者の態度や別離などの経験が，成人した後の対人関係への指向性（**愛着スタイル**）を方向付けると考えた（Bowlby, 1969）．またシェイバーらは，青年期以降の恋愛関係が子どもと養育者の関係と多くの類似性を持っていることに着目し，成人愛着理論を提唱している（Shaver et al., 1988）．この理論では，自分は他者にどの程度受容されるか，他者は自分の要求にどの程度応えてくれるか，他者は基本的に安心できる存在か，などについて私たちは

日々のやり取りの中で学習し，自己と他者の関係についての心的表象（**内的作業モデル**）を形成するとされている．

　では実際，青年期の恋愛は親子関係に影響されるのだろうか．岡田・大橋（2020）は大学生を対象に，親子関係が恋人への依存性におよぼす影響について調べた研究である．調査の結果，岡田・大橋（2020）は，親子関係が依存的であれば恋人との関係も依存的になっていたと報告している．このような研究結果を見ても，幼少期の養育者との愛着関係は，青年期における恋愛に影響を及ぼす可能性が高いと言えるだろう．

第4節　青年期の発達課題

1　同一性（アイデンティティ）

　前節で，「自分が自分である」という確固とした感覚のことを「**アイデンティティ**」と呼んだ．では，そもそもアイデンティティとはどのような概念なのだろうか．

　アイデンティティという概念は，エリクソンが精神分析学の立場から提唱したものであり，日本語では**同一性**と訳される．エリクソンはライフサイクルに基づく発達理論を提唱し，青年期における心理・社会的危機として同一性の獲得（アイデンティティの統合）を位置づけた（鑪，1990）．

　エリクソンは，同一性（アイデンティティ）を「**斉一性**」と「**連続性**」の2つの観点から説明している．「斉一性」とは「自分はただ1人の変わらない存在である」という感覚のことである．「連続性」とは「過去であっても，現在から未来にかけても，自分は変わらず自分である」という感覚のことである．そして，この斉一性と連続性が他者に認められることで，同一性（アイデンティティ）の感覚が得られると述べている．

　このテキストを読んでいる人の中にも，「自分とは何者だろう」「自分は何になりたいのだろう」ということを思い悩んだ経験のある人，また現在思い悩んでいる人は多いのではないだろうか．青年期に入ると，人はそれまでの自分を振り返り，さらにはこれからの自分を思い描き，社会の中で生きていく「自分」を統合しようと試みるようになる．多様な自分を統合することができれば，「自分が自分である」という同一性（アイデンティティ）の感覚が得られる．しかしうまく統合できず拡散してしまえば，「自分で自分が分からない」といった状態に陥る．これが「**役割混乱（アイデンティティ拡散）**」と呼ばれる状態である．青年期は，アイデンティティの統合と拡散の間で揺れ動きながら，徐々に同一性（アイデンティティ）を確立していくのである．

　同一性（アイデンティティ）が確立されるまでの過程を検討した研究に，マーシャ（1937-）のアイデンティティ・ステイタスの研究がある（Marcia, 1966）．マーシャは大学生を対象に面接を行い，人生における重要な選択について葛藤を経験しているか否か（危機）と，自分が選択したものに対して積極的に関与しているか否か（傾倒）の2つの基準から，青年のアイデンティティの状態を「**アイデンティティ達成**」「**モラトリアム**」「**フォークロージャー**」「**アイデンティティ拡散**」の4つに分類した（表4-2）．みなさんは今，どの状態にあるだろうか．

40　第Ⅰ部　生涯発達から見た子ども時代の重要性

表4-2　アイデンティティ・ステイタス

ステイタス	危機	傾倒	概要
アイデンティティ達成	経験した	している	自分の可能性について本気で考えた末，解決に達し，それにもとづいて行動している．
モラトリアム	経験中	しようとしている	人生に関するいくつかの選択肢について迷っており，迷いを克服しようと一生懸命努力している．
フォークロージャー	経験していない	している	自分の目標と親の目標の間に不協和がなく，親の価値観を無批判に自分のものとして受け入れている．
アイデンティティ拡散	経験していない	していない	何者かであった経験がないため，何者かである自分を想像できない．
	経験した		人生に関するいくつかの選択肢について決定しようとしない．

(出典) Marcia (1966).

表4-3　小学校・中学校・高等学校におけるキャリア発達

小学校	中学校	高等学校
進路の探索・選択にかかる基盤形成の時期	現実的探索と暫定的選択の時期	現実的探索・試行と社会的移行準備の時期
・自己及び他者への積極的関心の形成・発展 ・身のまわりの仕事や環境への関心・意欲の向上 ・夢や希望，憧れる自己イメージの獲得 ・勤労を重んじ目標に向かって努力する態度の形成	・肯定的自己理解と自己有用感の獲得 ・興味・関心等に基づく勤労観，職業観の形成 ・進路計画の立案と暫定的選択 ・生き方や進路に関する現実的探索	・自己理解の深化と自己受容 ・選択基準としての勤労観，職業観の確立 ・将来設計の立案と社会的移行の準備 ・進路の現実吟味と試行的参加

(出典) 国立教育政策研究所生徒指導研究センター (2011).

2　キャリア発達とライフコースの選択

　青年期は，自分が将来どのような職業に就き，どのような社会的役割を果たしていくのかについて考え，決定していく時期でもある．アイデンティティと職業が必ずしも結びつくわけではないが，自らのアイデンティティを統合していく過程において，将来のキャリアを考えることは少なからず影響を与えるだろう．

　表4-3に小学校から高校までのキャリア発達（国立教育政策研究所生徒指導研究センター，2011）を示した．キャリア発達の初期段階である学童期は，自らのキャリアについての探索が始まる時期である．その探求には無邪気な夢や憧れも含まれている．幼少期，その職業についての具体的なことは何も知らないまま，「○○になりたい」と言っていた覚えのある人もいるのではないだろうか．そうした無邪気な憧れが，将来のキャリアへの意欲につながるのである．

　しかし青年期に入り，中学生になるとそこまで無邪気ではいられなくなる．探求は現実的になり，社会にはどのような働き方があるのか，その職業に就くには何が必要なのかといったことを考えるようになる．そうした探求は，次第に具体的な進路選択につながっていく．

　高校生ではキャリアのスタートを目前に控える者もおり，探求はより現実的になる．その職業に必要な能力を調べたり，実際に体験してみたりして，自らの関心や能力とのマッチングを行ったりもする．そして，その職業に必要な能力を身に付けるための努力を行ったり，必要な資格を調べて取得に向けて取り組んだりするのである．また同時にそれは，自らのライフコースの選択にも影響

を及ぼす．選択した職業を自らの人生にどのように位置づけていくのかもまた，この時期に考えなくてはならない重要な課題となる．

キャリア発達は，当然，実際に社会に出た後も続く．青年期は社会に出る直前の時期であり，この時期にどのくらい深く，また具体的に考えることができたかによって，その後のキャリア発達にも大きく影響すると考えられる．

3 人生において青年期課題を達成する意義

エリクソンが提唱したライフサイクルに基づく発達理論では，人生を8つの段階に分けている．だが，各発達段階が訪れる時期には個人差があり，早く訪れる人もいれば，比較的遅い人もいることは言うまでもない．さらに言えば，社会の状況によっても発達段階の捉え方は異なってくる．たとえば若者が社会に出る時期，そして成人が世代交代を受け入れる時期は，エリクソンが生きていた時代と現代とではかなり異なっている．

だが，たとえその時期に差が見られたとしても，青年期に達成すべき課題がアイデンティティの確立であることに変わりはない．第2節でも述べたが，学童期までは周囲の大人たちを理想の人物とし，その考えや言動を受け入れて同一化してきた．ところが青年期になると，それまで理想化していた人たちに失望したり，その人たちとは違う価値観を持つ自分に気づいたりする経験とともに「本当の」自分を探求するようになる．生まれて初めて「自分」で「自分」を作ろうとするのであり，これがすなわちアイデンティティの探求なのである．この探求を通して，人は自分について自分で決定する力を獲得し，アイデンティティを確立していく．そして，その後に続く成人期前期に向け，キャリアやライフコースも含めた自分の人生を自らの責任で選択していくことになるのである．

（國田祥子）

第 5 章

成人・老年のあり方と家庭

> **学びのポイント**
>
> 　子どもをとりまく家庭を支援するためには，子どもの発達だけでなく，成人以降の発達についても理解を深める必要がある．成人を迎えると，人々は就労し，結婚して家庭を築き，子育てを行っていく．やがて中年を迎え，子どもが巣立っていき，いつしか老年となり，死に備えることが求められるようになる．本章では，こうした成人以降の発達課題について，家族や家庭との関わりという観点から理解することを目指す．
>
> 事前学習課題：5章の本文を読み，学びのポイントにあるキーワードについて，その言葉の意味を書き出しましょう．
> 事後学習課題：5章で学んだ内容から，あなたが保育者として何を大切にしたいのか決意表明しましょう．
>
> 　キーワード：親密さ，世代性（次世代への継承），家族ライフサイクル，自我の統合，死の受容

第1節　成人期前期

1　成人期前期の発達課題

　成人期前期は，おおよそ就労から結婚までの期間のことをいう．いわゆる「子ども」からいわゆる「大人」になる時期である．成人期前期より前の段階では，どちらかというと保護者や周囲の大人から支援を受ける側の立場であることが多い．一方，成人期前期からは，就職し，自らの家庭を築き，社会的・経済的・心理的に自立することで，子どもや社会を支える側に回ることが求められるようになる．環境的にも大きな変化が伴うため，子ども時代には経験することのなかった様々な課題に直面することになる．

　エリクソンによると，成人期前期の発達課題は**「親密さ」対「孤立」**となっている．同僚や顧客，プライベートな友人，パートナーになりうる者と親密な関係を築くことができるかどうかは，職場に適応したり家庭をもったりすることができるかどうかに大きく影響する．もしそこで不適応が生じれば，社会の中で孤立した状態となってしまい，不安や抑うつといった様々な精神的な問題につながる危険性もある．

2 職業の選択

子ども時代と成人期前期以降との最も大きな違いの1つは，自らが就労者となり，自分の力で生活することが求められるようになるという点にある．ここで重要となってくるのが，どのような職業を選択するかということである．人々は，自らの適性や望み，他者や社会からの要求，求める生活水準などを考慮したうえで，職業を選択することになる．自分に適した職業を選択し，仕事の中で自分の役割や位置づけを見出すことは，**職業アイデンティティ**（vocational identity）の確立にもつながる重要な要素とされる．

1） 就労をとりまく社会の状況

バブル経済崩壊後のいわゆる就職氷河期と呼ばれる時期と異なり，現在は求人数が求職者数を上回る「売り手市場」であると言われる．厚生労働省（2024a）によると，大学等卒業者の就職率は，いわゆる就職氷河期と呼ばれる2000年初頭は90～92％ほどであり，約1割もの就職希望者が就職できていない状態であった．しかしながら，その後は徐々に上昇し，2024年4月のデータ（つまり，2023年度卒業者）では就職率は98.1％になっており，ほとんどの就職希望者が就職できている．

このように，就職率という点では現代は良い傾向にあると言える．ただし，就職ができれば何でもよい，というわけではない．例えば，成人期前期の課題の1つである家庭を築くという観点で考えると，重要な要素となるのが経済的な安定性である．結婚し，出産し，子育てを行うというライフイベントのことを考えると，家庭を築くには多額の金銭が必要となる．したがって，経済的に安定した仕事に就くことができなければ，二の足を踏んでしまうことになる．この点に関して，現代における最も重要な問題の1つが，非正規雇用の増加である．厚生労働省（2023b）によると，非正規雇用労働者は年々増加しており，現代は雇用者全体の約4割を占める状況にあるとされる．就業時間を調整できる利便性から自ら非正規雇用を選択する者もいるが，正規雇用を求めているにもかかわらずその機会に恵まれずに非正規雇用となっている者も少なくない．非正規雇用には，雇用が不安定である，賃金が低い，能力開発機会が乏しいといった課題があると指摘される．このうち，特に雇用の不安定さと賃金の低さは，自らの家庭を築くという課題にとって大きなハードルになりうるものである．

2） 職場での関係性の構築

多くの職場では，他者とのコミュニケーションは避けて通れないものである．いくら自分の能力や資質に適しており，やりがいのある仕事につけたとしても，上司や同僚と良い関係を築くことができなければ，就労を維持することは難しくなる．厚生労働省（2023c）によると，年齢別にみた2022年における転職入職率（つまり，前職を離職したものの割合）は，男女ともに29歳以下の若年世代が最も多い(15～20％程度)．また，そのように転職した者の約10％程度が，前職の離職理由に「職場の人間関係が好ましくなかった」ことをあげている．

3） 若年無業者の問題

職業選択や職場での人間関係など，就労の過程で失敗や問題が生じてしまうと，就労が続けられなくなる状態となる危険性がある．就労することが求められる時期に就労をしていない者のうち，若年層を特に**若年無業者**と呼び，15～34歳の非労働力人口のうち，家事も通学もしていない者と定

44 第Ⅰ部 生涯発達から見た子ども時代の重要性

義される（厚生労働省，2004）．総務省統計局（2024）によると，2023年の若年無業者数は59万人で
あったと報告される．これは，若年層の人口の2.4％に相当する数値である．これらの数値はここ
10年で大きな変動はみられない（コロナ禍で急増した2020年を除く）が，傾向としてはゆるやかに悪
化していっている．

3　パートナーの選択

　エリクソンによると，結婚して自らの家庭を築くことは，成人期前期における最も重要な課題の
1つであるとされる．現代の日本においては，ライフコースは多様化しており，結婚は全ての者が
とる選択肢ではなくなってきている．しかしながら，結婚は出産・子育てにつながるものであるた
め，その後のライフイベントに大きな影響を与えるものであることには変わりない．現代は，自由
恋愛によって結婚に至ることが主流となっている．したがって，結婚して家庭を築くためには，ま
ずパートナーになりうる者と親密な関係を築くことが必要不可欠となる．

1）　恋愛・結婚をとりまく社会の状況

　少子化が叫ばれている昨今，恋愛や結婚に対して若年者が消極的になっているとメディアやSNS
では指摘されることが多い．こども家庭庁（2024a）によると，未婚率は男女ともにここ数十年で
増加の一途をたどっている．2020年の未婚率は，若年層である25～29歳の男性で72.9％，女性で
62.4％と非常に高い数値であり，30～34歳の未婚率も男性は約半分（47.4％），女性は1／3以上
（35.2％）を占めている．独身でいることの理由に関するアンケート調査では，2021年のデータで
男女ともに25～30％の高い割合を示しているのが「自由さや気楽さを失いたくない」や「まだ必要
性を感じない」といった理由であり，結婚に対する積極性のなさが反映されている．また，近年急
増しているのが「異性とうまくつきあえない」という理由であり，以前は10％を下回っていたもの
が，2021年のデータでは男女ともに20％に近い数値となっている．また，結婚願望についても，「い
ずれ結婚するつもり」と答えた者の割合は男女ともにもともと9割ほどであったが，2021年に急減
し，男性84.3％，女性81.4％まで低下している．

2）　成人のアタッチメント・スタイル

　恋愛や結婚のための人間関係を形成することを考える際に考慮すべきものの1つに，**成人のア
タッチメント・スタイル**がある．アタッチメントとは，ボウルビィが提唱した乳幼児と養育者との
情緒的な結びつきに関する概念であるが，成人のアタッチメント・スタイルはこの理論を青年・成
人期の対人関係の傾向に拡張したものである．K. バーソロミューとL. M. ホロヴィッツ（Bart-
holomew & Horowitz, 1991 : 227-228）によると，成人のアタッチメント・スタイルは「自己モデル」
と呼ばれる自己についての信念（自分は他者と親密な関係を築くに値するか否か）および「他者モデ
ル」と呼ばれる他者についての信念（他者と親密な関係を築くことに積極的か否か）によって4つに
分類される（**表5-1**）．1つ目は自己にも他者にもポジティブな感覚をもっている**安定型**（secure）
であり，他者を頼ったり他者から頼られたりすることに抵抗がなく，見捨てられることへの不安が
あまりないために孤独にも耐性があるのがこのタイプである．2つ目は自己にはネガティブ，他者
にはポジティブな感覚をもっている**とらわれ型**（preoccupied）であり，親密な関係を築くことへの

第5章　成人・老年のあり方と家庭　*45*

表5-1　成人のアタッチメント・スタイル

		自己モデル	
		ポジティブ	ネガティブ
他者モデル	ポジティブ	安定型	とらわれ型
	ネガティブ	拒絶型	恐れ型

（出典）Bartholomew & Horowitz（1991：226-244）.

欲求が高く孤独への耐性が低い反面，自分にその価値はないと思っているため見捨てられることに過剰な不安を感じるのがこのタイプである．3つ目は自己にはポジティブ，他者にはネガティブな感覚をもっている**拒絶型**（dismissing）であり，他者と親密に関わることへの欲求が低いために孤独であることに抵抗がないのがこのタイプである．4つ目は自己にも他者にもネガティブな感覚をもっている**恐れ型**（fearful）であり，他者と親密になりたいという欲求はあるものの，他者を信頼することができず，自分にも自信がないため，他者と関わることに困難を抱えているのがこのタイプである．乳幼児のアタッチメントのタイプと同様に，成人のアタッチメント・スタイルにおいても一般的に安定型が最も望ましい関係性を築きやすいとされる．例えば，安定型は恋愛関係（Feeney, 1995）や結婚生活（Feeney, 1999）の満足度に良い影響を与え，逆に不安定なアタッチメント・スタイルはネガティブな感情経験や表出と関係していることが報告されている．

第2節　成人期後期

1　成人期後期の発達課題

成人期後期は，結婚から社会的引退までの期間のことをいう．人によっては40年に近い期間となり，その他の発達段階と比較しても最も長い期間となるうえ，多種多様なライフイベントがある．したがって，この段階の特徴を捉えるためには，より細分化してみていく必要がある．

エリクソンによると，成人期後期の発達課題は「**世代性**」対「**停滞**」となっている．世代性（generativity）とは，子どもを産み育てるということだけでなく，広く次世代へと継承することを意味する概念であるため，後進の育成なども含まれる．つまり，自らの成長だけでなく，新しい世代にバトンをつなぐという役割が求められるようになるのがこの時期であると言える．

2　成人期後期の家庭

成人期後期の家庭の最も大きな特徴は，子どもを育てるというプロセスが含まれることである．子どもを含んだ家庭の様相を捉えるには，個々人にのみ焦点を当てるのではなく，家族という単位を1つのシステムとして捉える視点が必要となる．

1）家族ライフサイクル

エリクソンが提唱した個人の人生にライフサイクルがあるという考え方と同様に，家族の形にもライフサイクルがあると考えられることがある．例えば，岡堂（2008）は日本における典型的な家族の発達段階を6段階に分けた**家族ライフサイクル**を提唱している．このモデルに基づくと，子ど

もをもつ家族の発達段階は大きく4段階（ステージⅡからステージⅤ）に分けられる．最初の段階は，**「子の出産から子の小学校入学までの時期」**である．この段階では，夫婦という関係性の中に新たなメンバーとして子どもを受け入れるということが課題となる．例えば，子どもとの関係性に応じて夫婦間の関係性や生活を変容させる必要があるし，経済的な問題や子育て・家事の分担の問題なども生じる．また，「子どもがいる家族」として親世代や地域コミュニティと関わることが求められるようになる．このように，第一子出産時は家族のあり方に大きな変化が生じるため，家族ライフサイクルの中でも特に重要視される時期である．

　次の段階は，**「学童期の子どもを育てる時期」**である．この段階では，子どもの自立を促しつつ，家族への所属感をもつことができるような環境を作ることが課題となる．乳幼児の頃と異なり，この時期の子どもは家族を離れたコミュニティに属するようになる．このとき，親としての役割もそれまでとは異なるものになる．その変化に対応し，子どもの自立を促し，家庭に縛り付けすぎず，そのうえで帰る場所としての家庭を維持することが重要となる．これらを達成できなければ，親が子どもに依存してしまうようになったり，子どもが退行したり適切な社会参加ができなくなってしまったりといった問題が生じることになる．

　その次の段階は，**「10代の子どもをもつ家族」**の段階である．この段階では，子どもがアイデンティティを確立できるようにサポートすることが課題となる．「学童期の子どもを育てる時期」と同じく，子どもの自立を意識した関わり方が求められるが，さらにその先の子どもが家庭から巣立つことを意識した準備を進めることが必要となる．そのためには，子どもがアイデンティティを確立し，自分の進むべき道を考えることができるように導くことが求められる．これらを達成できなければ，「学童期の子どもを育てる時期」と同じく子どもへの依存や子どもの非・反社会的行動が生じる可能性があり，さらには非行や犯罪，引きこもり，精神疾患，自殺といった重大な問題につながる危険性もある．

　最後の段階は，**「子どもが巣立つ時期」**である．この段階では，子どもの巣立ちに対して適応することが課題となる．子どもの巣立ちのために，親離れ・子離れをできるようにし，子どもが巣立ったことへの喪失感を克服することが求められる．また，子どもが巣立った後は，子どものいない夫婦だけの家庭に戻るため，家族・家庭の形やあり方を再構成することが求められることになる．このような課題を解消できなければ，空の巣症候群や熟年離婚，初老期うつといった問題が生じることになる．これらの問題は，中年の危機と呼ばれる問題とも重なるものである．

3　中年の危機

　成人期後期の中でも，40代から50代の時期は特に**中年期**と呼ばれる．中年期は人生の半ばに差し掛かる過渡期であり，これまでの人生を振り返ることが増えてきたり，今後の人生の先行きやその先の人生の終わりが現実のものとしてのしかかってきたりする時期である．こうした中年期に起きる周囲の環境や心理状態の変化によって生じる様々な問題のことを，**中年の危機**（midlife crisis）と呼ぶ．

1）空の巣症候群

子どもが巣立って家庭から出ていくと，それまで子ども中心であった生活が一気に変化する．**空の巣症候群**とは，それによって生じる喪失感や焦燥感などが原因となって生じる精神的な問題（主に抑うつの症状）のことを指す．空の巣症候群を発症しやすいのは子育てに心血を注いできた者であり，一般的には女性（母親）に多いとされる．また，空の巣症候群が生じやすいのは，専業主婦として子育てに多くの時間を費やし，それ以外の活動があまりできていない者であるとされる．そのため，専業主婦が主流ではなくなり，仕事などで家庭以外の場所にも進出している現代の女性にとっては，空の巣症候群は一般的なものではなくなっているのではないかと指摘されることもある（中道，2015：7-8）．逆に言うと，子育て以外に熱中できる活動や家庭以外の居場所をもつことが，空の巣症候群を予防する手段になりうると言えるのかもしれない．

2）熟年離婚

子どもが巣立った後の中年期や老年期では，子どもがいない状況での夫婦関係を再構成することが求められる．その際，お互いの認識や志向性の違いをどれだけすり合わせることができるかが，円滑な夫婦関係を継続するために重要となる．例えば，子どもが巣立った後，妻は仕事を始める，友人と遊ぶといった家庭の外に関心を向ける傾向があるが，夫は妻と一緒に旅行するなど家庭の内に関心を向ける傾向があるとされる（Preto & Blacker, 2016：331）．そうした認識や志向性の差異に加えて，子育て中に棚上げにされていた夫婦間のすれちがいが浮き彫りになることで，子どもがいることで保たれていたバランスが崩壊することがある．その結果として生じるのが，**熟年離婚**である．厚生労働省（2022a）によると，有配偶者のうちの離婚率は，ここ40年以上一貫して男女ともに19歳以下，20～24歳の若年者が最も多く，40代・50代が特に多いというわけではない．しかし，同居期間別の離婚率をみると，同居期間20年以上の夫婦が離婚した割合は年々増加しており，2020年には21.5％という大きな数字となっている．

3）介護・看取り

中年の時期にもう1つ問題となってくるのが，老年期に入った親世代の介護である．その役割を子世代が担う場合，誰が介護を行うのか，どの程度行うのか，どのくらいの頻度で行うのかといったことを考える必要が生じる．また，介護の先に必然的に待っているのが死であり，子世代にはその死を看取ることも求められる．死を迎えるための準備を進めたり，死を迎えた後の対応をしたりしなければならないことに加え，死を迎えるまでの精神的に不安定な親世代を支えることが求められることもある．このように，介護や看取りには身体的・精神的に大きな負担がかかるものである．これらにうまく対応できなければ，うつ病などの精神的な問題が発生したり，夫婦関係の不和や熟年離婚につながったりする危険性がある．

また，晩婚化が進む現代で大きな問題となってくるのが，**ダブルケア**である．ダブルケアとは，育児と介護を同時に行う状況のことを指す．どちらも単体でも大きな身体的・精神的な労力を要するものであるため，それを同時に行うときの負担は計り知れないものとなる．内閣府男女共同参画局（2016）によると，2012年時点のダブルケア人口の推計は育児を行う者の約2.5％，介護を行う者の約4.5％とされる．決して高い数値ではないが，この推計は狭い介護の定義に基づくものであ

るため，多様化しているダブルケアの実態を踏まえるとこの数値以上のダブルケアラーがいる可能性が高いという指摘（相馬，2024：30）もある．また，この推計から10年以上が経過した現代では，ダブルケア人口は増加している可能性が高い．実際に，上述の推計の5年後である2017年の統計をもとに毎日新聞が行った推計では，上述の推計から4万人ほどダブルケア人口が増加していることが報告されており（毎日新聞2024年1月22日），今後もますます増えていくことが予想される．

第3節　老　年　期

1　老年期の発達課題

老年期は，社会的引退後の期間のことをいう．身体や知能が徐々に衰えていく時期でもあるが，全般的に何もかもが衰えるというわけではなく，加齢の影響を受けやすい部分とそうでない部分がある．例えば，情報を瞬時に処理する能力（流動性知能）は加齢の影響を大きく受けやすいとされるが，知識や知恵といった年齢とともに積み重なっていく能力（結晶性知能）は老年期でも高い状態が維持されやすいとされる．

老年期において最も重要な課題は，死に関するものである．エリクソンによると，老年期の発達課題は「統合」対「絶望と嫌悪」となっている．**自我の統合**（integrity）とは，今までの人生を受容することによってなされることであるとエリクソンは指摘している．死を前にして，今までの人生を振り返り，それを受け入れることができることができるかどうかが，死の受容や絶望の克服に大きく影響する．

2　老年期の家庭で生じる問題

1）　定年退職による環境の変化

老年期の家庭環境の最も大きな変化は，社会的な引退に伴うものである．就労をしているときは，仕事がある日は多くの者が活動時間の大半を職場で過ごすことになるため，家庭よりも家庭の外で過ごす時間の方が長く，仕事以外の活動に使える時間も限られたものになる．一方，引退後は生活の場の中心が家庭となり，仕事に費やしていた時間を別の活動に使うことが求められるようになる．こうした環境の変化に伴い，家庭での夫婦の立場や関係性も大きく変化し，すれ違いや衝突が起きることも少なくない．こうした環境の変化にうまく対応できなければ，最悪の場合熟年離婚という結果になってしまうことになる．

2）　子世代・孫世代との関わり

老年期にある家庭の多くは，子どもがすでに巣立っており，家庭に子どもはいないことが多い．しかし，家庭に子どもがいないからといって，子世代と全く交流がなくなるわけではない．お盆や正月といった特定の時期に帰省する者は多く，そもそも親世代の家庭の近くに居を構える家庭も一定数いる．さらに，介護が必要な状況となれば，より頻繁に関わる必要性が生じる．このように，交流の仕方が変わることや，介護者と被介護者という関係になることなどによって，親と子の関わり方にも変化が生じる．

第5章　成人・老年のあり方と家庭　*49*

また，子世代の家庭に子どもが生まれ，孫ができている場合もある．孫が生まれたばかりの頃に，子世代の子育てのサポートを親世代がすることもある．ある程度成長した後も孫との交流を望む者は多く，孫を介して交流する機会が増える家庭も多い．孫との交流は望ましい影響を与えることが多く，孫にとっても「老い」や「死」を学ぶ良い機会となる．

3　後期高齢期・超高齢期

日本人の寿命は，男女ともに80歳を超える．したがって，老年期は20年以上の期間がある者が多いということになる．老年期の初期には，身体的にも心理的にも中年期の延長として「まだまだ元気だ」という感覚があったり，死が迫っているとはいえ実感をもつことはできていなかったりする．しかし，75歳以上の老年期の後期になってくると，身体的な衰えが顕著になったり，死を身近なものと感じざるを得なくなったりして，それまでとは異なる考え方に変化するようになる．

1）　死の受容と伝達

死が身近なものとなったとき，人々はそれをどのように受容するのであろうか．死の受容過程を記述した最も代表的なものに，**E. キューブラー・ロス** (1926-2004) **の死の受容過程**がある（キューブラー・ロス，2020）．この理論によると，死の受容過程は大きく5段階に分けられる．第1段階は**「否認と孤立」**の段階であり，死に直結する事実を否定する過程である．例えば，病気であるという事実を受け入れなかったり，もうすぐ死を迎えるという事実を考慮せずにふるまったりする．第2段階は**「怒り」**の段階であり，自分に死が迫っていることに怒りをぶつける過程である．例えば，医療従事者や家族に当たったり，理由もなくイライラしたりする．第3段階は**「取り引き」**の段階であり，死を先延ばしにするために神仏や超然的な力・存在と取り引きをしようとする過程である．例えば，儀式的な行為を行ったり，良いことをして徳を積んだりすることで，その引き換えとして死を回避しようとするといったものである．第4段階は**「抑うつ」**の段階であり，喪失や別れに対して抑うつ的になったり悲しみを感じたりする過程である．絶望を感じて沈みこんだり，無気力な状態になったりする．第5段階は**「受容」**の段階であり，感情的な浮き沈みがなくなり平安な状態になる過程である．感情が欠落したような落ち着いた状態となり，あらゆる事象に対して穏やかに対応できるようになる．これらの段階は，一方向に変わっていくものではなく，行きつ戻りつするものであるとされている．

死を迎える者の役割の1つに，周りの者に「死」とはどのようなものか伝えるというものがある．現代は死をタブー視する傾向が強く，死を身近なものとして感じ，それがどのようなものか学ぶ機会は少なくなっているとされる．特に，孫にとっては，祖父母の死は最初に迎える身近な者の死であることが多い．そのため，死を迎えることの不安や恐怖とはどのようなものか，それを受け入れるとはどのようなことなのか，死による別れとは何を意味するものなのか，といった「死」とはどういうものかということを身近な者に伝えることは，死を迎える者の最後の務めであるとも言える．

2）　老年的超越

エリクソンはライフサイクルを8段階に分けたが，エリクソンの妻であるJ. M. エリクソンは，80代〜90代以降の者が到達するとされる9段階目を提唱した（エリクソン，2001）．この第9段階に

おいて重要なキーワードとなるのが,「**老年的超越**（gerotranscendence）」という概念である. この概念を提唱したトルンスタムによると, 超越とは物質に縛られた世界観や合理性を第一とする世界観から脱することを意味し, 時間や空間の感覚が拡張される（宇宙的意識とも呼ばれる）, 自己に対してもっていた感覚が他者にも拡張されることで他者を重んじるようになる, 死が恐怖の対象ではなく親しみのあるものとなるといった変化が生じるとされる. 後期高齢期および超高齢期を幸せに, 穏やかに過ごすためには, このような境地に至ることが望ましいとされている.

（中 村　　敏）

第6章

家族や家庭に期待される機能と意義

> **学びのポイント**
>
> 保育者にとって子どもが育つ家庭を理解することは，保育や保護者支援を行ううえで必要不可欠である．第1節では家族や家庭の形態について，第2節では時代や社会の変化にともなう家族・家庭の縮小化，外部化，そしてその変化が子どもの育ちにどのような影響を与えているかについて学ぶ．第3節では保育者として家族や家庭の現代的な課題（ダブルケア，ヤングケアラーなど）や支援を行うためのポイントについても具体的に提示する．
>
> 事前学習課題：6章の本文を読み，学びのポイントにあるキーワードについて，その言葉の意味を書き出しましょう．
>
> 事後学習課題：6章で学んだ内容から，あなたが保育者として何を大切にしたいのか決意表明しましょう．
>
> キーワード：家族・家庭の縮小化，家庭の機能の外部化，育児の外部化，養育力の低下

第1節　家族・家庭の定義

1　家族とは何か

　あなたは「家族」(family) という言葉から，何を思い浮かべるだろうか．一緒に住んでいる親や兄弟姉妹であったり，祖父母，おじやおば，いとこであったりするだろう．または，単身赴任や離婚などの理由で，離れ離れに暮らす親のことを思い出すかもしれない．もしくは，血縁関係や婚姻関係のない人間関係を思い浮かべた人もいるかもしれない．さらには，飼っているペットであっても大事な家族だと考える人も少なくないだろう．

　つまり，今，あなたが教室にいるならば，その場にいる全員が同じような家族をイメージすることは難しい．

　昨今，シングルマザーやシングルファーザーと呼ばれるひとり親が支える家庭も珍しくない．さらに，シングルマザーやシングルファーザーが再婚をすることによって，血縁関係のない親子・きょうだい関係が生じる．このような家族の形態を**ステップファミリー**と呼ぶ．また，同性のカップルが暮らしをともにしたり，子育てを行ったりする場合も見受けられる．そして，新聞やドキュメンタリーなどのマスメディアでは，多様な家族のあり方が取り上げられる機会も増えている．

　実のところ，日本では「家族」について法律上の定義は存在していない．そのため，「家族とは，

誰を指すのか」は明確にはされていないが，民法第725条では**親族**を「6親等内の血族，配偶者，3親等内の姻族」と定義している．血族とは，血のつながりのある血縁者を指す場合と，血のつながりはないが養子縁組によって法律上血縁者と同じに扱われる者を指す場合がある．姻族とは，配偶者の血族と自分の血族者の配偶者のことを指している．

また，『新社会学辞典』では，「居住共同に基づいて形成された親族集団．内容に即していえば，夫婦（親）・子の結合を原型とする，感情的包絡で結ばれた，第一次的な福祉志向集団である」と定義されている．

さらに，家族や家庭と似た言葉に**世帯**（household）がある．行政による区分では，家族を世帯として捉え，様々な調査が行われてきた．厚生労働省による国民生活基礎調査では，世帯を「住居及び生計をともにする者の集まり又は独立して住宅を維持し，若しくは独立して生計を営む単身者をいう」と定義している．

しかしながら，いずれの定義にしても，家族という意味を充足する定義として完全には補完できず，「家族とは何か」という問いに対して1つの答えを導くことは難しい．つまり，血のつながりや民法に基づく関係，もしくは生計をともにし，生活する関係に留まらない幅広い家族関係が存在する．そこには，人間がともに幸せを求めていく感情的結びつきを基盤とする要素が重視されている．よって，私たちの家族観は社会状況から大きな影響を受け，その時代の文化的背景によって変化していくものである．家族のありようが多様化している今日において，私たちの家族についての意識や固定概念は大きな変容を迫られている．

2　家庭とは何か

では，次に「**家庭**」（home）という言葉から，あなたは何を思い浮かべるだろうか．例えば，結婚式で「温かい家庭を築きたい」「幸せな家庭を作りたい」と新郎新婦が語るように，家庭的な温もりや，仲の良い家族団らんの場，といった情緒的な意味が付加されることが多いのではないだろうか．

家庭とは，「夫婦・親子など家族が一緒に生活する集まり．また，家族が生活する所」のことである（『広辞苑』第7版）．つまり，前項で述べたような多様な家族が生活する空間や，場所などを意味するものと考えられる．

また，保育所保育指針の第4章子育て支援については，保育所における子育て支援に関する基本事項として次のように書かれている．

　　　ア「保護者に対する子育て支援を行う際には，各地域や家庭の実態等を踏まえるとともに，保護者の気持ちを受け止め，相互の信頼関係を基本に，保護者の自己決定を尊重すること．」

つまり，保育者は個々の家庭の状況を把握する必要があるが，「家庭の実態等を踏まえる」ことは容易なことではない．なぜならば，家庭にはそれぞれのルールや慣習があり，家族を構成する人との相互関係から創出される独特な雰囲気ともいうべきものが存在する．そして，それは家庭の外からは分かりにくいものである．しかし，子どもがどのような家庭環境にあるのかを把握すること

は重要となってくる．よって，普段の子どもとの関わりや保護者とのコミュニケーションを通じて，把握に努めるべきであろう．

3　家族の構造

自分がこの世に生まれ，かつ育ってきた時期に関わる家族のことを，**定位家族**という．そして年を重ね，生活環境の変化を伴いながら，自分自身が主体的に築いていく家族を**創設家族**という．私たちは，誕生後にどのような環境であっても定位家族があり，それを選ぶことはできない．一方で，将来自分がどのような家族を持つかについては自らの意志により選択することができる．その意味から，家族を持たないという選択をすることも可能である．

4　家族の形態と世帯構造の分類

家族の形態としては，**核家族**，**直系家族**，**複合家族**などがある．核家族とは，"夫婦のみの家族"や"夫婦と未婚の子のみの家族"，"ひとり親と未婚の子のみの家族"のことである．アメリカの人類学者であるG. P. マードック（1897–1985）は，"夫婦と未婚の子のみ"の核家族を，人間社会に存在するあらゆる家族の典型であり基礎単位であるとした．直系家族とは，家を継ぐ子どもの家族に，親が同居している家族形態である．複合家族とは，夫婦とその複数の子どもがそれぞれの配偶者や子どもとともに家族として生活している家族形態のことである．直系家族と複合家族を合わせて，**拡大家族**と呼ぶこともある．

世帯構造の分類としては，「単独世帯」「夫婦のみの世帯」「夫婦と未婚の子のみの世帯」「ひとり親と未婚の子のみの世帯」「三世代世帯」「その他の世帯」の6つとなっている．このうち，「夫婦のみの世帯」「夫婦と未婚の子のみの世帯」「ひとり親と未婚の子のみの世帯」は，核家族の世帯となる．

第2節　家族・家庭の変容と機能の変化

1　家族の歴史的変化

今日の「家族」のあり方が多様性を増した背景には，戦後の家族形態の変容がある．1950年代までの日本では，農林業や水産業などの第1次産業が産業構造の約半分を占めていた．そのため，祖父母・親・子という三世代以上が同居し，家族みんなで力を合わせて働き，ともに生活していた．その時代には，子育てや老親の扶養なども家族の機能として，家族内で行われていた．

やがて1950年代半ばから70年代前半まで高度経済成長期が続き，工業や建築業などの第2次産業やサービス業や，商業などを中心とした第3次産業が増加した．急速な経済発展とともに，大勢の若者が仕事を求めて地方から都市部へと移り住んだ．やがて都市部へ移り住んだ若者たちは結婚してそれぞれの家庭を持ち，家を構えた．こうして地方から都市部へ人口が流出し，**核家族化**が進んだ．核家族世帯の増加は一世帯あたりの平均世帯人員の減少につながり，家族の規模は縮小していった．国民生活基礎調査によると，世帯数と平均世帯人員の年次推移の変遷は**図6−1**の通りであり，

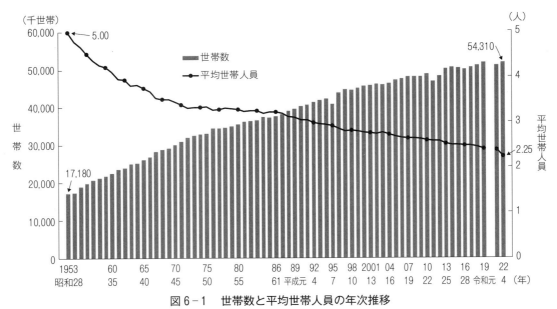

図6-1　世帯数と平均世帯人員の年次推移

(注) 1) 1995（平成7）年の数値は，兵庫県を除いたものである．
　　2) 2011（平成23）年の数値は，岩手県，宮城県及び福島県を除いたものである．
　　3) 2012（平成24）年の数値は，福島県を除いたものである．
　　4) 2016（平成28）年の数値は，熊本県を除いたものである．
　　5) 2020（令和2）年は，調査を実施していない．
(出典) 厚生労働省（2022b）．

　現在も家族の縮小化は続いている．1953年に1万7180世帯あった世帯総数は，2022年には5万4310世帯と増加の一途をたどっている．一方で，平均世帯人員は，1953年の5.00人から2022年には2.25人へと減少している．

　また，1980年頃までは，夫は外で働き妻は家にいて家事や育児を担うという**性別役割分業**が社会の一般的な価値観だった．そのため，多くの働く女性は結婚や出産を機に退職し，いわゆる専業主婦となった．しかし，女性の職業意識の高まりや，男女平等の国際的な流れを背景に，1985年に男女雇用機会均等法が制定される．翌年の施行年より，共働き世帯の数は上昇に転じており，専業主婦世帯と共働き世帯の推移は**図6-2**の通りとなっている．1990年代半ばまで共働き世帯は上昇し続け，2023年現在では専業主婦世帯と共働き世帯の数が完全に逆転している．

　女性の社会進出が促進される一方で，仕事をしながらの出産や育児は容易ではなく，負担を強いることにもなった．1人の女性が15〜49歳までに産む子どもの数を示す合計特殊出生率の低下は，1970年代のオイルショック以来続いている．総人口の均衡を保つために必要な合計特殊出生率は，2.07といわれているが，1989年に1.57となり，**少子化**が日本社会に認知されるきっかけとなった．いわゆる1.57ショックのことである．さらに，2005年には1.26となり過去最低を記録し，2023年時点でも1.20と，いまだ先進国の中で低い数字を示している．家族単位の縮小化は，子どもを取り巻く環境にも影響を与え続けている．

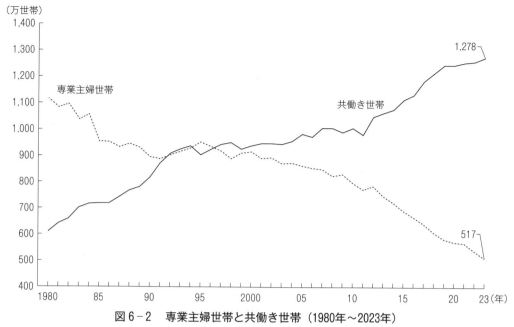

図6−2　専業主婦世帯と共働き世帯（1980年〜2023年）
（出典）労働政策研究・研修機構（2024）．

2　家族・家庭の機能

家族の機能について，アメリカの社会学者である T. パーソンズ（1902-1979）は，家族の機能が衰弱化していくなかでも，**子どもの社会化**と**成人を含めたメンバーのパーソナリティ**の安定化を基本的な機能であると示した．

1）子どもの社会化

子どもの社会化とは，子どもが生涯を通じて社会で適応して生きていくために必要な，基本的なパーソナリティ形成の機能である．子どもは，衣食住や日々の生活のために必要な行動様式を，身近な存在である家族から学んでいく．また，社会で生きるうえでの，人とのよりよい関係性の構築などの獲得も重要となる．子どもは，大人の文化に触れながら，様々なことを学び身につけていくため，大人は大きな影響力を有形無形で行使していることを忘れてはならない．

2）成人を含めたメンバーのパーソナリティの安定化

生活と仕事の空間が切り離され，子どもは保育所や学校等に通い，大人は家以外の場所で仕事をするようになり，家族が離れて過ごす時間が増えた．家族はそれぞれの公的生活の場において，不安や緊張，疲労やストレスにさらされる．家族が暮らす家庭は，子どもと大人の両者にとって，安らぎや癒しが得られ，ゆったりとくつろげる場でもある．つまり，家庭には休息を与え，情緒の安定や回復を図り，明日への活力を生みだす，代替えのきかない場としての機能がある．そして，それは家族の深い愛情と信頼関係によって成り立つものである．

3　家族・家庭の機能の変化

核家族化が進み，様々な家族のありようが認められるなかで，家族の機能は顕著に変化し続けて

きた．高度経済成長期以降，それまで家族内で担っていた様々な機能を，代替する市場が生まれた．家族の機能が，家庭の外に移り変わることを，**家庭の機能の外部化**という．家庭の機能の外部化は，子どものいる家庭へも大きな変化をもたらした．家電製品の機能の向上は家事労働の効率化となり，外食産業の進出やインスタント食品の普及は食事づくりの負担軽減となった．

外部化によって，私たちの生活が便利になった一方で，損なわれてきたものもある．例えば，お正月文化の象徴であったおせち料理は，今やお店で簡単に注文購入することができる．それぞれの家庭のおせち料理の味など，古来，日本にあった文化や風習が，若い世代に引き継がれることのないまま次第に失われつつある．

しかし，外部化がいかに進もうとも，パーソンズが唱えた2つの機能の拠点は家庭にあり，その源泉は家族が担っているものである．家族との関わりを通して，家庭という場の中で，子どもの育ちを保障するという本質的かつ普遍的な機能は，全て外部化される性質のものではない．

このような時代にあって，親和的で相互に支え合える関係であり続けることができるか否か，家族のあり方が私たち一人ひとりに問われているのではないだろうか．

第3節　家族・家庭における現代的課題

1　家族や家庭に関する社会問題

近年，家族や家庭に関する社会問題の1つとして，「**ダブルケア**」「**ヤングケアラー**」に目が向けられている．

1）ダブルケア

ダブルケアとは「育児と介護が同時期に発生する状態」であり，晩婚化・晩産化により子育て期に入る年齢の上昇と，高齢化による要介護高齢者の増加が同時に進展することにより起こる（澤田2020）．このダブルケアに直面する人が，全国に少なくとも29万3700人おり，30〜40代が9割を占めていることが明らかになった（毎日新聞2024年1月22日）．

保育者は保護者支援を行う際，子ども領域に関する社会資源だけでなく，高齢者に関するサービスや相談機関を広く把握しておくことが大切である．

2）ヤングケアラー

2024年6月に改正子ども・若者育成支援推進法が成立し，ヤングケアラーが「家族の介護その他の日常生活上の世話を過度に行っていると認められる子ども・若者」と初めて定義され，国・地方公共団体等による支援の必要性が明文化された．厚生労働省が文部科学省と連携して行われた「ヤングケアラーの実態に関する調査研究」（2022）では，ヤングケアラーと思われる子どもがいる学校は34.1%にのぼり，家族の世話をしていると回答した小学生は6.5%であった．世話を必要としている家族はきょうだいが最も多く71.0%，次いで母親が19.8%であることが明らかになった．さらに就学前から世話をしているという回答が17.3%，低学年のうちから世話をしているという回答が30.9%みられた．

これらのデータからはきょうだいの保育園への送迎などもケアの一部として行われていることが

予想されるため，保育者は子どもや保護者との会話や送迎時など，日々の観察を通じて，家庭の状況を把握するよう努めることが大切である．

2　家庭や家族の機能変化にともなって求められる家事や育児の外部化

第2節で述べたように，家庭や家族の変化により，かつては家庭内で充足できていた機能が難しくなっている現状がある．以下では家事や育児の外部化について述べる．

1）家事の外部化と縮小化

家事の外部化の例として外食産業の進出やインスタント食品の普及が進んだことは前項で述べた．家事を外部化すること自体は悪いことではない．しかし食に関していえば，孤食（個食）という言葉が示すように食を通じたコミュニケーションの減少，栄養の偏り，朝食の欠食などが問題視されている．小林・篠田（2007）によると，朝食欠食は，「肥満などの身体的な変化，好ましくない精神的諸症状，好ましくない体調や学力の低下などに強く関係している」と指摘されている．

2023年度の食育白書によると，小・中学生の朝食欠食率は小学校が6.1％，中学校が8.7％と増加傾向にある．未就学児においても「保育所における食事の提供ガイドライン」（厚生労働省，2014：1）によると約7％の子どもは毎日朝食がとれていなかった．今後も子どもの養育に影響を与える家事の外部化，そして縮小化は続くと予想される．

2）育児の外部化と養育力の低下

小学校入学前に子どもが習い事をしている割合は幼稚園児61.1％，保育園児53.6％である（ベネッセ教育総合研究所，2022）．また保護者の手が離せないときや外出先で騒がないようにするためなど理由は様々であるが，「スマホ育児」という言葉が示すように，未就学児の約7割がスマホなどを通してインターネットを利用している（総務省，2021）．

生活習慣に関連する発達では，「おはしを使って食事をする」，「歯を磨いて，口をすすぐ」などの達成率の低さから家庭における養育力低下が推測される一方，低年齢児から保育園に通う子どもが増えていることから，低年齢児が自力で排便できる比率が上昇するなど，様々な側面から育児の外部化が窺われる．

これらの背景に，保護者の時間的な余裕のなさや経験の乏しさから，子どもとの接し方が分からない保護者の増加が考えられる．

3）家庭や家族の機能変化にともなって求められる保育者の役割

本来であれば家庭で担うべき家事や育児の機能を，保護者が園に要求する場合や，園が担わざるをえない状況が一部にみられる．実際に保護者に代わり，持ち物の洗濯（丸目・八重津・渡辺，2021）や朝食提供を行っている園（日本経済新聞2015年11月28日，尚徳福祉会ブログ）が存在する．またはしのトレーニングやトイレトレーニングが園任せであったり，保育者が家庭での取り組みを要請しても協力が得られにくかったりするなどのケースもある．

保育者が困難やジレンマを感じるケースは今後も増加することが予想される．一律に望ましい関わりは存在せず，子どもの最善の利益を考え，その都度対応することが求められる．

3 家庭の変化に対する保育者の理解と関わり

繰り返し述べたように，時代や社会の変化とともに家庭や家族は常に変化している．ここでは，家庭を理解するために，保育者は具体的にどのようにすればよいかについて述べる．

1） ニュースや新聞に目を通し，社会の変化を把握する

子どもが育つ家庭は時代の変化，社会の変化に大きく影響を受ける．前述したダブルケアやヤングケアラーも，個人の問題というより時代や社会の変化により生じた社会問題といえる．保育者は絶えず家庭の背景にある時代や社会の動向や推移に目を向けることにより，家庭の変化を理解しやすくなる．そのためにはニュースや新聞にも目を通すようにするなど，広く関心を持つことが大切である．

2） 場面に応じて，子どもではなく保護者に焦点をあててコミュニケーションをとる

前述したように，保育所保育指針では「個々の家庭の状況を把握」することが保育士に求められている．保育者にとって，保護者との会話の中心が子どもであることはごく自然なことであるが，必要に応じて保護者そのものに焦点をあててコミュニケーションをとることで家庭の様子が見えてくることもある．

3） 無意識・無自覚な偏見に留意する

最近，注目されているキーワードとして**アンコンシャス・バイアス**（無意識・無自覚の偏見）や，**マイクロアグレッション**（無意識の差別）がある．例えば「育児は母親の役割」という保育者の潜在的な先入観や偏見から，園児の体調不良時には先ず母親へ連絡をする，「お父さん，育児に協力的ですね」という言葉がけをすることがあるかもしれない．いずれも保育者に全く悪気はないにも関わらず，受け手は傷ついたり，不快な思いをしたりすることがある．

このように保育者が家庭の多様なあり方について頭では理解していたとしても，潜在的に持っている自分自身の先入観や偏見が無意識のうちに言語・非言語を問わず表れることに留意する必要がある．

（河村陽子・丸目満弓）

第7章

子どもの育ちを支える家族・家庭の関係性

学びのポイント

　この章では，まず，親子関係とは何かを知り，親子関係をほどよい関係性にするには，どのようにすればよいのかを考える．そして，親子関係が子どもに，子どもの将来に，どのような影響を与えるのかについて学ぶ．次に，家族関係とは何かを知り，その歴史的変遷から親子関係や家族関係のあり方を考える．最後に，保育者は子どもや保護者に対して，どのように関わればよいのかを理解する．

事前学習課題：7章の本文を読み，学びのポイントにあるキーワードについて，その言葉の意味を書き出しましょう．

事後学習課題：7章で学んだ内容から，あなたが保育者として何を大切にしたいのか決意表明しましょう．

　キーワード：愛着（アタッチメント），ほどよい関係性，基本的信頼

第1節　親子関係の理解

1　親子関係とは

1）　生物的な側面

　ヒトは母胎で育ち，誕生してくるが，他の哺乳類のように生まれて間もなく立ち上がって歩いたり，自分から母乳を飲んだりすることができない「生理的早産」（ポルトマン）といわれる状態で生まれてくる．そのため，保護者は子どもを保護・世話し，子どもは保護者に保護・世話されるという関係性が，生まれたときからすでに成り立っている．また，ボウルビィは「人生早期の子どもにとって大切なのは，安心や安全感であり，子どもは保護者や養育者から保護されることによって，安定したアタッチメント関係を築くことができる」と考えた．

2）　社会的な側面

　親と子のような子育てをする・される関係性や保育者と園児のような保育をする・される関係性，教員と児童・生徒・学生のような教える・教えられる関係性のことは「タテの関係」と捉えることができる．

60 第Ⅰ部 生涯発達から見た子ども時代の重要性

●事例 7-1 タテの関係

例1

公園で子どもが遊んでいた．少し離れたところにいる保護者がやさしいまなざしで見守っている．

子どもが転んで，泣きだしてしまった．保護者はあわてて駆け寄り，子どもをぎゅっと抱きしめた．そして，頭をしっかりとなでなでしながら「痛かったねー」と声をかけた．子どもが少し泣き止んだ．

保護者は「痛かった，痛かった」と言いながら子どもの背中をやさしくトントンし，さらに泣き止むのを待った．

子どもがほとんど泣き止んだとき，保護者は，子どもがぶつけたところに手を当て，「痛いの痛いの，遠いお山に飛んでいけー」と言いながら，さも「痛いの」をつかんで投げたかのような仕草をした．保護者が「治った？」と尋ねると，子どもは「うん！」と返事をし，また遊びだした．

例2

公園で子どもが遊んでいた．少し離れたところにいる保護者はスマホに夢中で，子どもには目もくれない．

子どもが転んで，泣きだしてしまった．保護者は子どもの泣き声に気づき，スマホから顔は上げたが，駆け寄ることもせず，「大丈夫，大丈夫．大したことない．早く立ちなさい」と声をかけた．子どもはさらに大きな声で泣きだした．

ここでようやく保護者は子どもに近寄ったが，「いつまで泣いているの！　みっともない！　早く泣き止みなさい！」と厳しく叱りつけた．

子どもは一向に泣き止む気配がなく，保護者は仕方なく子どもを抱っこした．子どもは火のついたように泣き喚き，保護者は子どもを抱きかかえ，公園をあとにした．

しばらくすると，子どもは泣き疲れて，眠ってしまった．

3）心理的な側面

生まれたときから保護され，授乳され，おしめを換えられるといった世話をされるだけでなく，抱っこされたり，あやされたり，微笑みかけられたり，話しかけられたりといったことを通して，親子の間には**愛着（アタッチメント）**が形成される．妊娠・出産という生物学的な側面から，愛着は母子（それがかなわないときは，母親的関わりをする養育者）間を中心に形成される．ここで，ウィニコットの「ホールディング（holding）」「ハンドリング（handling）」「オブジェクトプレゼンティング（object presenting）」について触れ，具体的に見てみることにする．

（1）ホールディング

ホールディングとは「抱っこ」のことである．ホールディングには「抱っこする」という意味の他に「包み込む」「待つ」「見守る」「耐える」「支える」などの意味がある．ウィニコットは，母と子の間の健康的な関わり合いの場面には，こうした意味の全てが含み込まれた関係が展開しているとした．こうした関係を通して，子どもは「自分が自分として確かに存在している」と感覚できるようになっていく．

（2）ハンドリング

ハンドリングとは「あやす」といった行為のことであり，「なでなでする」とか「トントンする」といったことを表している．しかし，単に「トントン」すればよいというものではない．気持ちをおさめ，現状を受け入れようとする子どもの気持ちに呼応するようなリズムと力加減でなければならない．したがって，子どもの気持ちを鎮めようとするときの「トントン」と子どもの元気を奮い

立たせようとするときの「トントン」は明らかに異なるべきものである．

（3）オブジェクトプレゼンティング

オブジェクトプレゼンティングとは，赤ちゃんが手を動かして，何かをつかもうとしているとき，保護者がその場面で最も適当と思うものを赤ちゃんの掌にあてがってやるというようなことを意味している．この察しとタイミングにより，赤ちゃんはあたかも自分自身が自分の力で自分以外のものを握って扱うことができたと感じることができる．オブジェクトプレゼンティングによって，子どもの心の中に「主体的に関わっていく」という感覚が無理なく活性化されていくのだ．

（4）ほどよい関係性

ホールディング・ハンドリング・オブジェクトプレゼンティングは，一見，保護者から一方的に行われているように見えなくもないが，決してそうではない．子どもの性格や状態に合わせて，タイミングよく，ほどよい力加減で行う保護者の働きかけと，それを確かに受け止め，自分のものにしていく子どもの力による**ほどよい関係性**の中で繰り広げられるものである．

2　親子関係が子どもに与える影響

1）子どもの成長・発達に必要な親子関係

保護され，世話されることで，子どもは身長が伸び，体重が増えるといった成長をしていく．そして，心理的なやりとりを通して，子どもは「自分は大切にされているんだ」「親は信頼できるんだ」という**基本的信頼**（エリクソン）を得ていく．この基本的信頼をもとにして，子どもは様々なことに興味・関心をもったり，意欲を示したりする．そうして，生まれる前は母子一体だった親子が，心理的に徐々に分離し，自立への一歩を踏み出す．その分離は，無理やり引き離されるというものではなく，子どもが「基本的信頼」を得ることで，安心して自立していくというものである（図7-1）．

2）子どもの関係性に必要な親子関係

保護者とのやりとりの中で身につけた関係性は，子どもが他者と関わっていく足場となる対人関係のパターンの原型となる．つまり，親子関係をもとに，保育者やその他のあらゆる人との関係性も築くことになるのである．

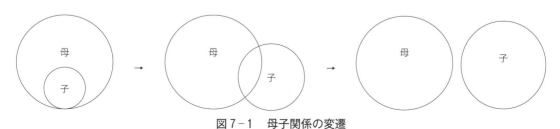

図7-1　母子関係の変遷

（出典）筆者作成．

第2節　家族関係の理解

　家庭の中には，第1節で述べた親子関係のみならず，両親の配偶者同士の関係性やきょうだい間の関係性もある．

1　配偶者同士の関係性

　夫婦関係は法的には配偶者関係と位置づけられる．加藤（2019：43）は「いざ新しい家庭をつくろうとした時に，2人が持ち出すルールや問題解決の方法は，それぞれの原家族のやり方，言い換えれば各々が成長する中で身に付け，なじんできた生活の仕方であることが多い」と述べている．それぞれが身につけてきた関係のパターンを，配偶者との関係性にも持ち込むことが多いということである．

2　きょうだい間の関係性

　きょうだいがいる場合，家庭内で同年代との関係性の築き方を学ぶことができる．家庭内で身につけた関係のパターンは，園での他児との関係性に反映されたり，その後の学校などでの友人関係や職場での同僚との関係性にも反映されたりする．

●事例7-2　きょうだいの関係性

> 例1
> 　5歳のAくんには，2歳上に兄がいる．あるとき，兄が使っているおもちゃをAくんが「貸して」と言った．兄は「いいよ」と貸してあげ，2人で仲よく遊んだ．
> 　園でのAくんは，自分が使っているおもちゃをお友達に「貸して」と言われると，「いいよ」と貸してあげ，みんなで仲よく遊ぶことができている．
> 例2
> 　5歳のBくんには，2歳上に兄がいる．あるとき，Bくんがおもちゃで遊んでいると，兄は黙って取り上げてしまった．
> 　園でのBくんは，お友達がおもちゃを使っていると，黙って取り上げてしまう．

　配偶者同士やきょうだい間の関係性のような同年代あるいは同等の立場の関係性は「ヨコの関係」と捉えることができる．

　また，近所の「おっちゃん」「おばちゃん」や「兄ちゃん」「姉ちゃん」といった親でも保育者でもない大人との関係性は「ナナメの関係」といわれ，近年注目されつつある．近隣との付き合いが希薄な現代，ナナメの関係性にある大人と接する機会をあえて設けることが必要である（**図7-2**）．

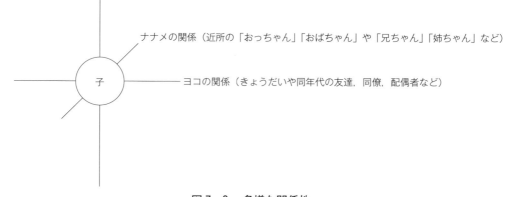

図7-2　多様な関係性

（出典）筆者作成.

第3節　親子関係・家族関係の歴史的変遷

1　家族形態の変化

1）三世代家族

三世代家族とは，祖父母・親・子どもが同居している家族のことである．1950年代までは，産業構造の約半分を農林水産業が占めていたため，三世代以上が同居し，働いていた．三世代家族であれば，親が働いていても，祖父母が子どもを保護し，世話し，抱っこし，あやすこともできる．また，祖父母がいるということは，絶対的に見える親にも，その上に祖父母とのタテの関係があることを子どもに見せることもできる．

2）核家族

核家族とは，保護者と子どもだけの家族のことである．1950年代半ば以降，製造業や建築業，商業やサービス業が増え，多くの若者が地方から都市部へと移り住み，家庭を持ち，核家族化が進んだ．その結果，保護者が子育てを一手に引き受けなければならなくなった．ひとり親家庭であれば，仕事もしなくてはならず，さらに負担が集中することになる．そうすると，保護者に「ゆとり」がなくなり，親子の関係性が張り詰めたものになってしまう．

2　親から子へ

　藪（2019：65）は「現代は核家族化少子化の影響から，自分の子どもの誕生前に，子どもを抱いたり，世話をしたりした経験のないなど経験を通じて親になるための準備をすることができなかった親も少なくない」と述べている．子どもと接する経験の少なさは「子どもの発達の健全な多様性を実感しにくく，小さな差異にも過敏に反応したり，その逆に問題や障害の把握や理解が遅れたりする」（大國，2019：103）ことにもつながってしまう．子育ての知識やスキルについて学ぶ機会や子どもと実際に接する機会を意図的に作りだしていく必要があるといえよう．

大西（2019：95）は「夫と妻は，それぞれの育ってきた体験や代々受け継がれている文化的背景などによって，独自の価値観，家族観，職業観，子育て観をもっている」と述べ，藪（2019：62）は「親からの文化や価値観，子育て観などが受け継がれ，それぞれの家庭の雰囲気や家庭環境が形成される」と述べている．M. D. S. エインズワース（1913-1999）らがいうところの「ある世代でみられた親子関係のパターンが，次の世代に引き継がれる（多世代伝達）」である．つまり，保護者は自分が子どもだったときの保護者との関係性を，保護者になると，自分と子どもとの関係性に持ち込むということだ．これは，知識やスキルの問題だけではない．保護者が子どもだったときの保護者との関係性を，ポジティヴなものであれ，ネガティヴなものであれ，自分と子どもとの関係性に，知らず知らずのうちに濃く反映してしまうということなのである．

3　今日の様々な親子の関係性

かつては，親は「絶対的」存在であり，不平・不満を言うことなど許されなかった．しかし，1980年代の終わり頃から，過干渉や暴言・暴力などで子どもに悪影響を及ぼす親を「毒親」と呼ぶようになり，2015年頃からは，親に恵まれなかったことを「親ガチャに外れた」と表現するようになってきた．子ども視点によるものなので，必ずしも親が役割を果たしていないというわけではないかもしれないが，少なくとも，そのように口にする子どもが現れ，世間的にも容認されてきたということである．実際，家庭内での本来の役割が果たされていない**機能不全家族**も存在する．親子関係は最初の親密な関係であるために，家庭によっては近すぎたり遠すぎたりすることが問題になることがある．例えば，近すぎて，子どもを意のままにし，「理想」を押しつけたり，遠すぎて，子どもの安全に対してすら注意が向いていなかったりする．

1）　ホテル家族

1980年代のバブル景気時代に見られたのは，ホテル家族である．ホテル家族とは，「同じ家の中で起居をともにしているのだが，寝る時間も，起きる時間も，出かける時間もまちまちで，一緒に食事をする機会もほとんどなく，お互いが何をしているかも知らないまま時が過ぎていくといった，ホテルの宿泊者のような家族のことである」（小此木，1996：77）．同居はしているものの，タテの関係やヨコの関係といった関係性が薄いといえよう．

2）　アダルトチルドレン

1990年代になり，バブル経済が崩壊すると，アダルトチルドレンが注目され始めた．もともとアルコール中毒の保護者のもとで育った子どもという意味だったが，その後，依存症保護者等の不適切な環境で育った人のことを「アダルトチルドレン」というようになった．ネガティヴな親子関係のパターンを他者との関係性に持ち込んでしまうために，大人になっても，うまく対人関係を築けず，保てず，「生きづらさ」を抱えてしまうのである．このように不本意ながらも繰り返してしまう関係性は，対人関係のうまくいかなさに気づいた時点で，パターンを捉えなおし，感情をコントロールしていくことで，修正が可能になる．

3）　友達親子

アダルトチルドレンの一方で取り上げられるようになったのは友達親子である．友達親子は，タ

テの関係である親子の関係性が常にヨコの関係にある状態である．子どもが成長・発達するにつれ，保護・世話をする・される度合いは減っていくものの，子どもが困ったときや失敗したときなどに，保護者は子どもを精神的に支えるホールディングができるようにしておかねばならない．

4） ヘリコプターペアレント

テロや戦争，リーマンショックによる金融危機の一方で，インターネットが急激に普及した2000年代になると，友達親子よりもより緊密な関係性であるヘリコプターペアレントが話題になった．ヘリコプターペアレントとは，子どもが失敗したり傷ついたりすることを保護者が極端に怖れ，子どもを見守るというホールディングではなく，ヘリコプターのように「監視」し，先回りしてオブジェクトプレゼンティングしてしまう親のことである．子どもが就職後も職場に親が現れ，子どもに代わって上司に直訴することもあるという．田辺ら（1973：43）は「緊密な親子関係は，愛情過剰，親切過剰の代償として得るべきものではなく，過剰はかえって自立性・独立性を害する結果を生むものであることに注意しなければならない」と述べている．

5） ヤングケアラー

核家族だけでなく，共働きやひとり親家庭が増えてきたことで，保護者が子どもを保護・世話し，子どもは保護者に保護・世話されるというタテの関係が逆転し，お手伝いの域を超えて，子どもが親やきょうだい，祖父母の世話を日常的にする状況が生まれてきた．核家族だと，外部から気づかれにくいだけでなく，子ども自身も自分の家庭以外を知らないので，気づきにくいという問題がある．子どもの遊びや勉強に影響が出る前に，周囲の大人が気づき，福祉関係者や行政機関など外部の力を借りることが必要である．

6） 子ども部屋おじさん・おばさん

子ども部屋おじさん・おばさん（略して，子どおじ・子どおば）とは，インターネットスラングであり，かつてはパラサイトシングルと呼ばれ，実家で暮らし続ける独身の中高年のことを指している．成長・発達とともに保護者から心理的に分離・自立し，自分が保護者となって新たなタテの関係を築いていくことなく，中高年になっても，子どものポジションのままであるといえる．

第4節　保育者はどのように関わればよいか

1　タテの関係から考える

1） 子どもに対して

子どもは親子以外のタテの関係性を園で体験することもできる．大國（2019：108）は「近年，保育者との愛着と親子の愛着とは，役割や性質が異なるらしいことがわかってきました．乳幼児期に保育者との間に安定した愛着を形成していた子どもは，児童期に教師との関係が良好であるという傾向が見られました」と述べている．家庭から園，園から学校へと子どものコミュニティが広がっていく際，タテの関係を保護者以外の大人と築いていく必要がある．保護者以外の最初の大人になりうる保育者とタテの関係を築く「練習」ができれば，次のコミュニティの学校でも，教員と関係性を築きやすくなるのである．

66　第Ⅰ部　生涯発達から見た子ども時代の重要性

2）　保護者に対して

　祖父母と同居していなかったり，近所に頼れる人がいなかったりする保護者にとって，子どもを保護し，世話してくれる園という存在があると，物理的負担・心理的負担が随分と軽減される．また，親子が時間的・空間的に別々に過ごすことによって，保護者の気持ちに「ゆとり」が生じ，親子だけだと張り詰めたものになってしまいがちな関係性にも「余裕」が生まれてくる．

2　ヨコの関係から考える
1）　子どもに対して
（1）コーディネーター的役割
　藪（2019：62）は「現在の日本では，家族の小規模化が進み，地域の中で子どものいる世帯が減少していること，家族の中で子どもが経験できる人間関係も減少していると考えることができる」と述べている．ひとりっ子やきょうだいが多くない子どもが増え，地域で子どもどうしが遊ぶ機会が減った今，「ヨコの関係」を体験する場としての機能も園に求められるようになった．

　幼児期の子どもの思考には**自己中心性**と呼ばれる特徴があり，自分の思考や視点が他者の思考や視点と異なるということを理解しにくく，相手の立場に立って物事を考えることが難しい．そうすると，当然「いざこざ」が起こる．しかし，それを解決する術はまだ持ち合わせていない．保育者は子どもたちどうしをつなぐ「コーディネーター」の役割を果たさねばならない．つまり，保育者はうまく気持ちを伝えられない子どもの気持ちを「おもちゃを貸してほしいんだね」のように代弁したり，「『おもちゃを貸して』って言ってごらん」と促進したり，「おもちゃを貸してほしいときは，お友達に『貸して』って言うの．見ててね．『貸して』（子どもがおもちゃを手渡してくれる）」のように解決の手本を示したり，子どもが解決できるように「おもちゃを貸してほしいときは何と言うんだっけ？」と誘導したりすることが必要である．だが，子どもは一度教えられたからといって，すぐにできるわけではない．保育者は代弁・促進・手本・誘導を忍耐強く繰り返し行わなければならない．

（2）オンデマンド的役割
　子どもたちは，遊びの中で「いざこざ」を体験することにより，仲よくできなかったときの気分などを味わい，「仲よくすることの必要性」や「お友達と仲良くするにはどうしたらよいか」ということを学んでいく．子どもたちが自分たちでおもちゃの貸し借りをしたり，「いざこざ」が起きても，自分たちで解決できたりするようになれば，保育者はフェードアウトし，「見守る」ことが必要となる．これは「放っておく」のとは全く異なる．何か問題があれば，すぐに間に入ることのできる態勢である．保育者がこのオンデマンド的な役割を果たすことで，子どもたちは自分たちで「ヨコの関係」を構築し，維持することができるようになっていくのである．

2）　保護者に対して
　加藤（2019：37）は「家庭環境における子どもたちの姿を直接見ることはできない．そこで保育者は，保護者とのコミュニケーション（声がけ，対話，連絡帳，面接など）を通じて，家庭での子どもの様子や親子の関係を判断，あるいは推察する．したがって，もし保護者とのコミュニケーショ

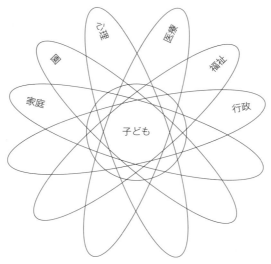

図7-3 連携・協働のモデル
(出典) 筆者作成.

ンがうまくいかなければ，子どもを取り巻く家庭環境を知ることは難しくなる」と述べている．親子関係や家族関係は時代によって変化し，同じ時代であっても，家庭によって異なっている．保育者は時代の流れに目を向けつつ，各家庭の違いを知ろうとすることが必要である．

「子どもに健やかに育ってほしい」という願いは保育者と保護者に共通のはずである．保育者と保護者は子どもをともに育てる「仲間」として，つながり，ともに動くことで，子どもたちによい影響を与えることができるのだ．

3）関係機関に対して

時には，保護者にも支援が必要な場合がある．保護者自身に虐待された経験があるとか，保護者の心身の状態がよくないとか，経済的に厳しい状態にあるなどである．このようなことがあると，子どもとほどよいタテの関係が築きにくかったり，配偶者同士のヨコの関係がうまくいかなかったりしてしまう．そのような場合は，保育者が抱え込むのではなく，心理職や医療関係者，福祉関係者，行政機関などの外部の機関とのヨコの関係を築くことが必要になる（図7-3）．関係機関とつながり，ともに動くことで，家庭内の張り詰めてしまった関係性が修復される可能性が高まるからだ．関係機関と連携・協働することは保育者の知識やスキルのなさを表しているのでは決してない．園には園の，関係機関には関係機関の「専門分野」がある．それらを持ち寄ることで，子どもを取り巻くほどよい関係性が再構築され，維持されることになるだろう．

（大川宏美）

第8章

子育てを通しての親の成長

学びのポイント

　子育ては，子の育ちのみならず，親自身の「親としての発達」を促すものでもある．本章では，子の発達に伴う親の発達と，現代社会における親の葛藤に目を向けつつ，親子の発達を支援する保育者の役割について取り上げる．子育て期の親のリアルな実態と子育て体験から得られる手ごたえや希望について知り，「こどもをまんなか」にした子育て支援のあり方とは何かについて，理解を深めたい．

事前学習課題：8章の本文を読み，学びのポイントにあるキーワードについて，その言葉の意味を書き出しましょう．

事後学習課題：8章で学んだ内容から，あなたが保育者として何を大切にしたいのか決意表明しましょう．

　キーワード：ヒトの子育て，親の発達，保護者支援，子育てコミュニティ

第1節　子の発達に伴う親の発達

1　ヒトの子育て

　誕生後すぐに巣から離れ，親と同じ行動をとる離巣性動物，例えばウマは，誕生直後に自立し，やがて歩行することができるようになり，自ら母ウマに近づいて乳を飲むことができる．ヒトも離巣性の動物であるが，誕生直後は歩くこともできず，誰かのケアなしに生きることのできない無力な状態である．生後1年経って，歩くこと，食べること，話すこと等，親と同じような行動が少しずつできるようになる．動物学者のポルトマンはこのようなヒトの発達の特性から，ヒトは本来であればもう一年胎内で過ごすべきところを，**生理的早産**で誕生してくるという説を唱えた．ヒトは，母親の体格に比して大きく誕生し，また，生涯の中で子ども期にあたる時期が，他の動物と比較しても長い．このことから，ヒトの子育てには，多くの手がかかるといえる．

2　親の発達

　伝統的に，親についての心理学的研究は子どもに影響を与える存在として捉えられてきた．これに対して，柏木・若松（1994：72）は，「子どもの発達に視点がおかれるあまり，親は影響を与えるものとしてのみ問題とされ，親の側についての発達的視点が忘れられてしまっていた」と述べている．「関係性」の視点に立てば，親子は相互に影響し合う存在であり，子どもが親に与える影響

第8章　子育てを通しての親の成長　*69*

についても検討する必要がある．エリクソンの心理社会的発達理論に照らし合わせると，成人期後期（「世代性」対「停滞」）が親の発達段階に位置するが，子どもの発達段階によって，親に求められる役割も変化し，それに伴い親の発達も促進される．

1）　乳児期の子の親の発達

乳児期は，「基本的信頼」対「基本的不信」を発達課題とする発達段階であるが，授乳・排泄・沐浴など生活全般に全面的なケアが必要であり，親にとって相当なエネルギーを要する時期である．乳児の睡眠周期は，**ウルトラディアン・リズム（超日周期）** と呼ばれており，昼夜の区別なく2～3時間ごとに目を覚ます．そのため，親はこの周期に合わせて，乳児の世話をする必要があり，十分な睡眠時間を確保することができず，心身ともに疲弊する．産後すぐの体力回復がままならない状況の母親にとって，この時期の子育ては，かなり大変なものになる．また，首すわりから，寝返り，ハイハイといった身体機能の発達が著しく，日ごとの子どもの成長に喜ぶと同時に，病気や6か月頃から始まる夜泣きへの対処に不安と困惑の連続となる．親がどのようにケアするかが，子どもの状態に直接影響することもあり，親として非常にナーバスになる時期ともいえる．子どもとの関わりを通して，子どもの気質などを知り，それに応じて対応していくことを学んでいく段階であり，そのような関わりによって，子どもは基本的信頼感を親に寄せるようになるのである．

2）　幼児期の子の親の発達

幼児期前期は，「自律」対「恥と疑惑」，を発達課題とする発達段階である．幼児期前期は，子どもは，歩行や言語の発達を遂げるが，第一次反抗期，いわゆるイヤイヤ期が始まる時期でもあり，親としては養育困難感を持ちやすい時期と言える．アメリカでは，"terrible two. horrible three. wonderful four.（恐るべき二歳児・ぞっとする三歳児・素敵な四歳児）"という言葉がある（高石，2010：126）ことを親に伝えると，「時期が解決する」という思いが支えになることがある．乳児期の，「ケアする側」「ケアされる側」という関係性から，幼児期前期は子どもの「意志」と親の「意志」のぶつかり合いの中で，親子で互いの「折り合いのつけ方」を学ぶ時期である．親の課題は，子どもが身辺自立や生活習慣の獲得を目指すことになりこれらの営みを通して，子どもの自律性が獲得されるのである．また，育児休暇を終えて，職場に復帰する親が多いのも，この時期である．育児と仕事の両立に悩み，体力の限界に挑戦するような生活を送る親の状況にも心を寄せたい．しかし，親になるまでにはなかった経験を経て，新たな能力を獲得することができるのである．

幼児期後期は「自主性」対「罪の意識」を発達危機とする時期である．柏木（1986）は，4歳半以降「自己主張・実現面」の能力のよりも，「自己抑制面」能力が上回ることを報告している．幼児期前期に全盛だったイヤイヤ期も収まり始め，言葉でのコミュニケーションが可能になり，葛藤状況に陥ることが少なくなる．また，子どもが自分でできることが増えるため，親にとって「子育てが少し楽になった」と感じる時期である．これが，wonderful four（素晴らしい4歳児）と言われる所以の1つだろう．この時期には，親は子どもの社会化を支援するために躾やルールを教えることが課題となる．これらを通して，子どもはルールの中で自主性を発揮する課題を成し遂げるのである．この時期になると，親は，親になったことによる自身の成長を感じる．

柏木・若松（1994）は，就学前の幼児をもつ親を対象にした研究で，「親となる」ことの発達と

70 第Ⅰ部 生涯発達から見た子ども時代の重要性

して,「柔軟性」「自己抑制」「視野の広がり」「運命・信仰・伝統の受容」「自己の強さ」「生き甲斐・存在感」を見出している.

3) 学童期の子の親の発達

学童期は,「勤勉」対「劣等感」を発達課題とする時期である.小学校入学により,子どもの生活は一変する.それまでと異なり,学校生活は保育園やこども園での生活とは大きく異なり,遊びを通しての学びから,教科学習を中心とした学びへと変化する.親側にも,宿題チェックなど,子どもの学習に関する監督という新しい役割が求められることになる.また,主に共働きの両親にふりかかる「小1の壁」といわれる困難が生じる.これは,保育園から小学校に上がる際に直面する社会的な問題のことである.例えば,保育園の預かり時間と小学校の登校時間や公的な学童保育の預かり時間との間にはギャップがある.そのため,保育園で過ごしていた時間帯に,子どもが家で1人で過ごさざるを得ない状況は,親に立ちはだかる「壁」なのである.

入学当初は,生活に慣れず惑いが多い日々を送るこの時期の親子であるが,子どもの学年が上がることに伴い,子どもが自立して生活することが可能になり,「子育てが楽になった」と感じられるようになる時期でもある.親子ともに比較的安定した関係性を維持しやすい時期であるが,親は子どもの自立を少しずつ促す役割を持つ.

4) 青年期の子の親の発達

青年期は「同一性」対「同一性の拡散」を発達課題とする時期である.この時期,子どもは,**第二次性徴**や,**第二次反抗期**を迎え,心身ともに大きく変化し,本格的な自立に備える時期である.ホルモンバランスの変化もあり,情緒的に不安定になることもある.この時期,親は子どもの,依存と自立の相反する心性を受け入れ,自主性を重んじつつも,子どもの監督を行うという矛盾した役割を担うことが求められる.この頃,**更年期**を迎えている親もおり,心身ともに不安定な時期である.更年期の親と第二次反抗期の子どもという親子ペアは,その情緒的不安定さも加わり,葛藤状況に陥りやすい.

5) 成人期前期以降の子の親の発達

成人期になると,子は「親密さ」対「孤立」の発達課題を経て,結婚し,子ども産み育てる立場として,「世代性」対「停滞」の発達課題と向き合うことになる.この時期の親は,子の自立によって,「子育ての終わり」を感じつつも,成人期後期に位置する祖父母として多かれ少なかれ,孫育てをするという新たな役割を担うことなる.その一方で,親自身の老年期を迎えた親の介護を担うこともある.加齢に伴い,体力の低下が否めない中,子ども世代,親世代両方からの支援要請に多忙な日々を送ることになる.それらのライフサイクルを経て,親は老年期となり,「統合」対「絶望と嫌悪」の発達課題に向き合いつつ,人生の締めくくりの時期を迎える.

●事例8-1

次の文章は,保育園に通う,Aちゃん(2歳半)のお母さんが連絡ノートに書いてきたものである.

「いつもお世話になります.帰宅後のAとの生活に正直,疲れ果ててしまいました.

まず，保育園に迎えに行っても，帰らないと言って園庭を走り回っています．無理やり連れて帰ろうとすると，ものすごく怒ってかんしゃくを起こします．やっとの思いで連れて帰っても，靴は絶対に自分で脱ぐといって，相当時間をかけて脱ぎます．正直，私が脱がせてしまった方が早いですし，私もすぐに食事の準備に取りかかれるので，そうしたいのですが，Ａがそれを許しません．食事の時も，食器の配置が気に食わないと言って，大騒ぎ．なんとか，Ａの気に入るように配置して，食事がやっと始まるといった具合です．食事後，お風呂に入れるのも，ひと苦労です．おもちゃで遊んでいると『まだまだ遊びたい』といってお風呂に入りたがりません．なんとか，なだめて入浴させようとしても，服は自分で脱ぐといって聞かず，時間がかかります．正直，私が脱がせた方が早いんです．本当に，疲労困憊です．すいません．愚痴ってばかりになってしまいました．仕事はこなせるのに，育児には自信がもてません.」

　ひとくちに「イヤイヤ期」といっても，そのあらわれ方は個別性が高い．ここで示したＡちゃんは，激しく自己主張するタイプであるが，母親はそれにかなり翻弄されている．また，仕事に関しては，「うまくやれる」のに，子育てに関しては，「うまくいかない」と感じているようだ．子育てには，正解がなく，仕事にように目に見える成果はない．仕事で成果を示すことができている保護者であれば，子育てのギャップから，子育ての困難感を高める可能性がある．このような訴えをする保護者に対して，保育者はどのように支援できるだろうか（ワーク8－1で考えてみよう）.

第2節　親としての葛藤

1　「親をする」こと

　柏木（2011：5）は，哺乳類では子に精子を提供したオスは父親に，卵子を提供し，妊娠・出産したメスが母親となるが，ヒトの場合，赤ちゃんは，未熟な存在として誕生するため，親は子どもを育てること，つまり「親をする」ことが必須となるとしている．しかしながら，共働き世帯においては，育児以外に家事や仕事等，多様な役割を親が担う必要が生じ，それは時に役割葛藤を生じさせ「親をする」ことを困難にさせることがある．

1）　親としての夫婦の格差と葛藤

　日本においては，1999年，当時の厚生省が，「育児をしない男を，父と呼ばない」というポスターを作成し，父親の育児参加を呼びかけるキャンペーンを行い，2010年には，イクメンが「新語・流行語大賞」の1つに選ばれ，厚生労働省による男性の子育て参加や育児休業取得の促進等を目的とした「イクメンプロジェクト」が立ち上がり，育児をする男性が増えたかに見える．先に述べたように，生理的早産で誕生する人間の子どもの世話には，大変な労力を要し，当然，母親だけでなく父親が子育てに関わる，つまり「父親をする」ことが必要になる．しかしながら，内閣府の「6歳未満の子供を持つ夫婦の家事・育児関連時間」に関するデータによると，日本では，妻が家事・育児に関わるのが1日平均7時間34分であるのに対して，夫は1時間23分にとどり，夫婦間で約5.5倍の格差が生じている．この格差は，他国の格差と比較すると格段に大きなものである（図8-1）.

　また，厚生労働省「令和5年度雇用均等基本調査」によれば，令和5年度の育児休業取得者の割合は女性84.1に対して，男性は30.1％である（図8-2）．育児休業取得期間については，女性の約

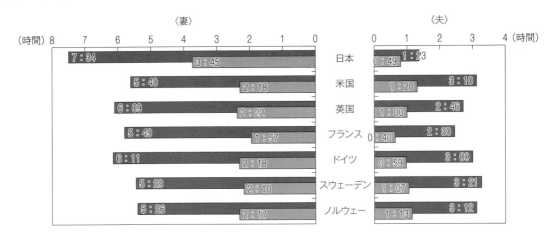

図8-1　6歳未満の子供を持つ夫婦の家事・育児関連時間（週全体平均）（1日当たり，国際比較）

（備考）1．総務省「社会生活基本調査」（平成28年），Bureau of Labor Statistics of the U.S. "American Time Use Survey"(2018) 及びEurostat "How Europeans spend Their Time Everyday Life of Women and Men" (2004) より作成．
2．日本の値は，「夫婦と子供の世帯」に限定した夫と妻の1日当たりの「家事」，「介護・看護」，「育児」及び「買い物」の合計時間（週全体平均）．
3．国名の下に記載している時間は，左側が「家事・育児関連時間」の夫と妻の時間を合わせた時間，右側が「うち育児の時間」の夫と妻の時間を合わせた時間．
（出典）内閣府（2019：30）．

7割が10か月から24か月であるのに対して，男性の約7割が5日から3か月未満である（**図8-3**）．これらのデータから，「親をすること」に関しては，男女で格差があることがわかる．

　家事・育児のほとんどを母親が1人で担うという現実が，**ワンオペレーション育児**（ワンオペ育児）という言葉を産んだのであろう．

　大正時代にそのルーツをさかのぼる**三歳児神話**（大日向，2015：72-87）に代表されるような，「子どもは，母親が育てることが最適である」という考え方は，実際にはその根拠はない．1998年版厚生白書において，「三歳児神話には少なくとも合理的な根拠は認められない」と明確に否定されている．**愛着（アタッチメント）理論**を提唱した**ボウルビィ**も，**愛着（アタッチメント）対象**を母親と限定していない．それにもかかわらず，先に示したように，育児に関しては男女の格差が色濃く残る．これは，日本社会に残る「男性は家庭の外で働き，女性は家庭の中で家事育児を担う」という**伝統的性別役割観**の影響と考えられる．その一方で，本当はもっと積極的に育児に関わりたいと思っているが，職場で育児休暇を取りづらい雰囲気があるという父親側の課題もある．

　親になることにともなう夫婦関係の変化について研究した小野寺（2005）によれば，親になることで夫婦間の親密性が低下する傾向にあり，妻では夫の育児量の少なさが親密性を低下させる要因になっていることがわかった．父母双方が同等に「親をすること」が，良好な夫婦関係の維持につながることが示唆されているといえよう．ベルスキーとケリー（1995：10-60）は，親への移行期は，家事役割の変化や，親になったことによる新たな育児役割が夫婦間の摩擦を起こしやすく，子どもの存在により夫婦関係が変化し，夫婦間のコミュニケーションが減少しやすいことを指摘している．

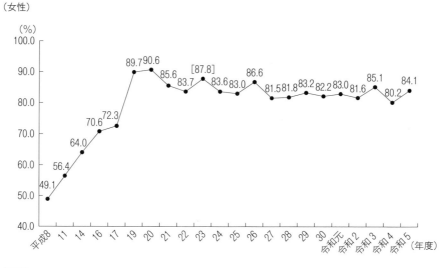

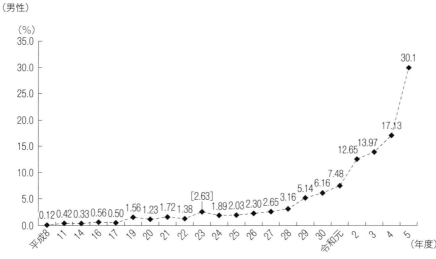

図8-2 育児休業取得率の推移

(注) 平成23年度の [ ] 内の割合は，岩手県，宮城県及び福島県を除く全国の結果．
(出典) 厚生労働省（2023d）．

2) コペアレンティング

母親の就業率は確実に増えている中，父親は子育ての当事者となることは必須である．子育てを一緒に行うこと意味するコペアレンティングに関する研究が行われている．夫婦間コペアレンティングに関する研究を行った大島・鈴木・西村（2022）は，夫婦が「夫婦間ホメオスタシスを保つ努力」（例えば「普段から言いたいことをいう」「家事と育児・仕事と家庭生活のバランスをとるために効率性を重視する」）や「葛藤に対処する」（例えば「お互いの気持ちをぶつけ合う」「折り合いをつける」）という夫婦関係における肯定的側面と「思い通りにいかないことが出てくる」（例えば「仕事による制約」「子どもは思ったようにいかない」）ことや「お互いに察してほしいの悪循環」といった否定的側面を行き来しながらも，肯定的側面が上回るとき，「親チームとなっていく」ことを示唆した．

(女性)

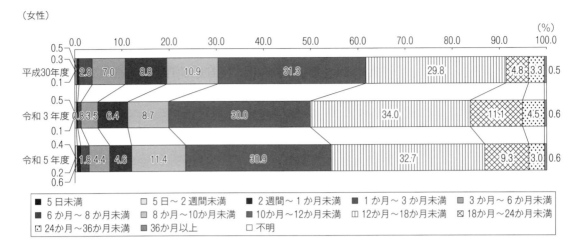

(男性)

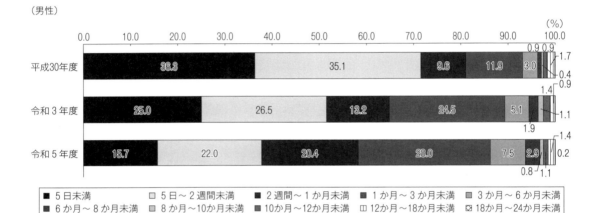

図8-3　男女別，取得期間別育児休業後復職者割合

(注)「育児休業後復職者」は，調査前年度1年間に育児休業を終了し，復職した者をいう.
(出典) 厚生労働省 (2023d).

また，協力的な夫婦間コペアレンティングには「子の育てやすさに気づく」という要素が必須であることを示し，夫婦が子どもの成長を実感できるような保育者の支援も重要だと述べている．子育て支援の観点からも，保育者の父母のコペアレンティングを促進する関りについても注目する必要がある．

第3節　子どもを「まんなか」にした子育て支援

1　「子どもの最善の利益」のための子育て支援と「親をする」権利

「子どもの最善の利益」は，子どもの権利条約における4つの原則の1つに位置づけられており，保育所保育指針の総則にも，「保育所の役割」として「入所する子どもの最善の利益を考慮」するよう明記され，こども基本法の基本理念にも組み込まれている．「子どもの最善の利益」を追求す

ること，それは子どもにとって最も良いことを行うことである．

　加藤（2004：77-114）は，1990年代以降の保育制度改革が，「親の労働」に保育時間を合わせる方向で進んでいった結果，長時間保育によって子どもの生活が崩された点を問題視している．つまり，保育が「子どものニーズ」ではなく，「親のニーズ」に合わせたものであることを問題視しているのである．また，松浦（2022：117）は，「保育は，子どもの権利を本当の意味で保障していくためにも，『親として成長する権利』も合わせて保障する営みでなければならない」と述べ，社会のあり方が「親をする」権利を保障できているのか点検するよう促している．子育て支援を「子どもの最善の利益」の観点から考えるのであれば，保育者として保育制度についても，子どもを「まんなかに」し，親が長時間労働を余儀なくされている社会のあり方についても考える必要がある．

2　親を支えるコミュニティづくり

　柏木（2011）は，ヒトの子育てに特徴的なこととして「親以外の人も子育てに参加すること」とし，他の動物と比べてヒトの子育てには多大なエネルギーを要し，それを成し遂げるには親以外の人による養育がどうしても必要となるとしている．当然ながら，保育者も親と一緒に子育てを担うが，コミュニティ（Community）の存在も無視できない．Community という言葉の語源はラテン語で「共有」を意味する communis から来ている．コミュニティといえば，真っ先に地域コミュニティをイメージするかもしれないが，コミュニティを何かを「共有」している共同体と捉えてみれば，楽しみや喜びや悩みを「共有」している集まりもコミュニティと言える．コミュニティには，同じ趣味を持つコミュニティ，同じ子育て中の者同士のコミュニティ，同じような悩みを持つ者同士のコミュニティなどコミュニティは多岐にわたる．

　保育者の保護者支援の1つに，相談支援がある．もちろん，保育者が保育の専門家として，保護者の相談にのることは大事なことであるが，保護者同士が支え合えるようなコミュニティづくりのきっかけを提供する支援も必要である．

（上野永子）

第Ⅱ部

今日の子育てが子どもの精神保健に与える影響

第9章

子育てを取り巻く社会的状況

学びのポイント

　子育て家庭を取り巻く状況は，様々な視点から捉える必要があり，変化も大きい．本章では，子育て家庭を取り巻く現状として，少子化と家族形態，養育者の就業形態，都市化・情報化・国際化，子育て家庭の価値観・ライフスタイルの多様化について学ぶ．このような現代の子育てを取り巻く社会的状況と，これらが子育てに及ぼす影響を理解しながら，子育て家庭にどのように関わることができるかについて考えてほしい．

事前学習課題：9章の本文を読み，学びのポイントにあるキーワードについて，その言葉の意味を書き出しましょう．

事後学習課題：9章で学んだ内容から，あなたが保育者として何を大切にしたいのか決意表明しましょう．

キーワード：少子化，地域社会とのつながり，養育者の就業形態，都市化・情報化・国際化，価値観・ライフスタイルの多様化

第1節　少子化と家族形態

1　少子化

　日本の人口は，2008（平成20）年の1億2808万人をピークに減少している．子どもの数も減少しており，急速な少子化が進んでいる．**少子化**とは，出生率の低下や子どもの数の減少，また，合計特殊出生率が，人口を維持するために必要な水準を相当期間下回っている状況を指す．**合計特殊出生率**とは，1人の女性がその年齢別出生率で一生の間に平均して生むとしたときの子どもの数に相当し，少子化を示す指標の1つである．

　図9-1は，日本における出生数および合計特殊出生率の年次推移である．この図を見ると，1947（昭和22）年～1949（昭和24）年までの第一次ベビーブーム期における合計特殊出生率は4.3を超えていたが，1950（昭和25）年以降急激に低下し，2005（平成17）年には1.26まで落ち込んだ．その後，緩やかな上昇傾向にあったが，ここ数年は微減傾向となっている．2023（令和5）年の合計特殊出生率は過去最低の1.20であり，長期的な少子化の傾向が継続している．2023（令和5）年に発表された国立社会保障・人口問題研究所「日本の将来推計人口（令和5年推計）」によると，現在の傾向が続けば，2070年には，日本の人口は8700万人となり，1年間に生まれる子どもの数は現在の半分程度の約50万人となり，65歳以上人口の総人口に占める割合は約39％に達して約2.6人に1人

第Ⅱ部　今日の子育てが子どもの精神保健に与える影響

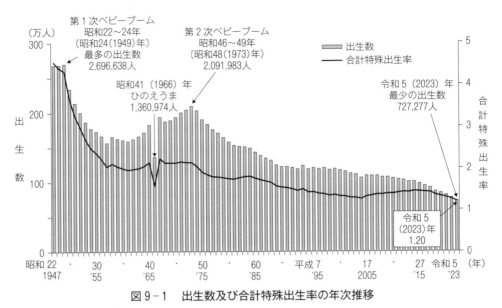

図9-1　出生数及び合計特殊出生率の年次推移

(出典) 厚生労働省 (2024b).

が65歳以上となるという見通しが示されている．

　少子化は社会経済に様々な影響を及ぼし，子育て家庭にも影響を及ぼす．労働供給・経済成長に与える影響としては，労働力の減少，消費の減少，貯蓄の減少，経済成長率の減少，国際社会におけるプレゼンス（国際社会においてどのくらいの影響力や存在感を持っているか）の低下，社会保障に与える影響としては，社会保障費負担の増大，社会保障サービスの需要の増加と供給の減少，地域社会に与える影響としては，地方公共団体の行政機能の低下，地方経済の縮小，地域交通の衰退，地方での教育の弱体化，交通や水道，公共施設などの社会資本の老朽化が指摘されている（リベルタス・コンサルティング，2023）．また，少子化は子どもの人間関係にも影響を及ぼす．子ども自体の人数やきょうだい数の減少により，子ども同士の交流の機会が減る．このことは，関わる子どもが限定的になり，家庭や園の内外を問わず，多様な子どもと交流する機会が減ることを意味する．子ども同士で仲間関係を築く経験が減ると，他者との体験や感情の共有，自己主張と自己抑制，規範意識・道徳性など，人との関わり方を直接体験する場が少なくなり，人間関係の発達に影響を及ぼすと考えられる．

　日本の少子化対策としては，1994年に「今後の子育て支援のための施策の基本的方向について」（「エンゼルプラン」），1999年にこの改正版となる「重点的に推進すべき少子化対策の具体的実施計画について」（「新エンゼルプラン」）などの子育て支援策が実施され，2003年に「少子化社会対策基本法」「次世代育成支援対策推進法」が制定された．そして2012年に成立した子ども・子育て関連三法（「子ども・子育て支援法」「就学前の子どもに関する教育，保育等の総合的な提供の推進に関する法律の一部を改正する法律」，「子ども・子育て支援法及び就学前の子どもに関する教育，保育等の総合的な提供の推進に関する法律の一部を改正する法律の施行に伴う関係法律の整備等に関する法律」）に基づく子ども・子育て支援新制度が2015（平成27）年から施行されている．今後は，2023（令和5）年に創設

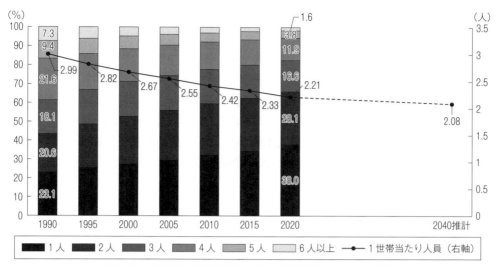

図9-2 世帯人員数別世帯構成と1世帯当たり人員の推移

（資料）2020年までは総務省統計局「国勢調査」，2040年推計値は国立社会保障・人口問題研究所「日本の世帯数の将来推計（全国推計）」（平成30年推計）による．
（出典）厚生労働省（2023d：5）．

されたこども家庭庁が中心となり，子どもを産み育てやすい環境づくりを進めていくとされている．

2 核家族化

　少子化・人口減少の進行にともない，家族形態も変容してきた．図9-2は，世帯人員数別世帯構成と1世帯当たり人員の推移を示したものである．世帯とは，「住居及び生計を共にする者の集まり又は独立して住宅を維持し，若しくは独立して生計を営む単身者」と定義されている（厚生労働省による国民生活基礎調査）．1世帯当たりの人員の推移を見ると，1990（平成2）年の2.99人から2020（令和2）年の2.21人まで減少し，この間，「世帯人員1人」および「世帯人員2人」の世帯数は増加し，これらの世帯数が全世帯数に占める割合は増加している．国立社会保障・人口問題研究所「日本の世帯数の将来推計（全国推計）」（平成30年推計）によると，2040（令和22）年における1世帯当たり人員は2.08人まで減少すると推計されている．

　世帯類型のうち，夫婦のみの世帯，夫婦と未婚の子のみの世帯，ひとり親と未婚の子のみの世帯は**核家族**と呼ばれる．図9-3に示されているように，世帯総数に占める核家族の占める割合は増加している．その中身を詳しく見ると，夫婦と子どもからなる世帯の世帯総数に占める割合は減少傾向にある一方で，ひとり親と子どもからなる世帯数は，1990（平成2）年から2020年までの30年間で約275万世帯（世帯総数の約6.8％）から約500万世帯（同約9.0％）へと約1.8倍に増加している．世帯人員数の減少と，ひとり親の世帯数の増加は，家庭において子どもと関わる人が減っていることを示すと言える．

3 地域社会とのつながりの希薄化

　地域，家族や親族，勤め先といった関係性における人々の交流に対する意識も変化している．図

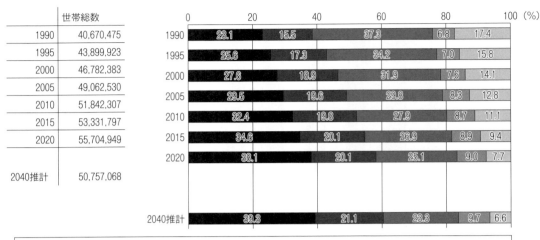

図 9-3　世帯総数・世帯類型の構成割合の推移

(資料) 2020年までは総務省統計局「国勢調査」, 2040年推計値は国立社会保障・人口問題研究所「日本の世帯数の将来推計（全国推計）」(平成30年推計) による.
(注) 1990年は,「世帯の家族類型」旧分類区分に基づき集計.
　　世帯類型における「子ども」は, 成年の子も含まれる.
　　2010年から2020年における割合は, 世帯の家族類型「不詳」を除いて算出している.
(出典) 厚生労働省（2023d：5）.

9-4は, 血縁・地縁・社縁といった3つの関係性について,「形式的つきあい」「部分的つきあい」「全面的つきあい」のいずれが望ましいと考えるかを1970年代から調査した結果である. 血縁・地縁・社縁のいずれにおいても,「なにかにつけて相談したり, たすけ合えるようなつきあい」(「全面的つきあい」) を望ましいとする者の割合は大きく減少している一方で,「形式的つきあい」を望ましいとする者の割合は増加している（厚生労働省, 2023b）. 人々の日常的な交流相手やその内容は, 地域や年齢によっても異なる傾向があると指摘されており（厚生労働省, 2023b）, 地域における交流に対する意識は, 若年層や大都市において,「挨拶をする程度」を望む割合が高くなっている（図9-5, 図9-6）. このように, 地域, 家族や親族, 勤め先といった関係性における人々の交流は減少していると言える.

図9-7は, 月1回以上, 対面でのコミュニケーションを取った相手を年齢別に示したものである.「居住地域の近隣の人」については, 男女とも年代が上がるほど高く, 年齢による違いが大きい.「居住地域における活動の仲間」については, 20歳代から50歳代までは約10％であるが, 60歳代の女性は17.7％, 70歳代は男性が35.6％, 女性が23.2％と高齢世代で高くなっている（厚生労働省, 2023b）. 人々の交流相手は年代により傾向が異なり, 年代が低いほど地域の人々と直接交流する機会が少ないと言える.

4　子育ての孤立

少子化, 核家族化, 地域社会とのつながりの希薄化により, 子育て家庭においては親子ともに多様な人と関わる機会の少ない状況にある. そして, それを望む人も多い. これに加えて, 新型コロ

第9章　子育てを取り巻く社会的状況

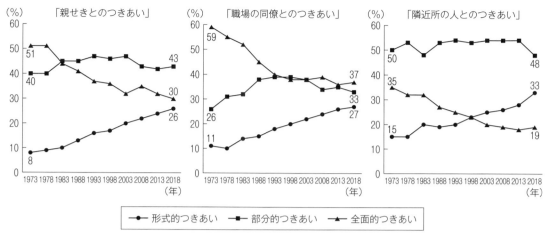

図9-4　つきあいとして望ましいもの

(資料) NHK放送文化研究所「日本人の意識」調査
　　この調査では，以下の通り定義されている．
　・形式的つきあい：親せきでは「一応の礼儀をつくす程度のつきあい」，隣近所の人では「会ったときに，挨拶する程度のつきあい」，職場の同僚では「仕事に直接関係する範囲のつきあい」．
　・部分的つきあい：親せきでは「気軽に行き来できるようなつきあい」，隣近所の人では「あまり堅苦しくなく話し合えるようなつきあい」，職場の同僚では「仕事が終わってからも，話し合ったり遊んだりするつきあい」．
　・全面的つきあい：なにかにつけて相談したり，たすけ合えるようなつきあい．
(出典) 厚生労働省（2023d：25）．

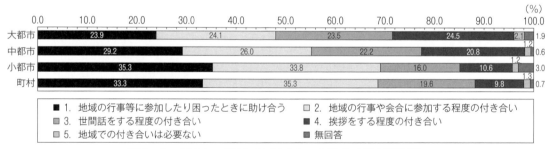

図9-5　望ましい地域での付き合いの程度（都市規模別）

(資料) 内閣府「社会意識に関する世論調査」（令和4年12月調査）
(注) 都市規模区分は，大都市（東京都区部，政令指定都市），中都市（人口20万人以上の市，人口10万人以上の市），小都市（人口10万人未満の市）及び町村（町，村）である．
(出典) 厚生労働省（2023d：25）．

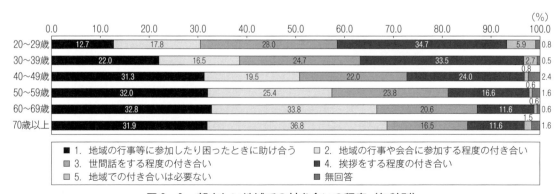

図9-6　望ましい地域での付き合いの程度（年齢別）

(資料) 内閣府「社会意識に関する世論調査」（令和4年12月調査）
(出典) 厚生労働省（2023d：26）．

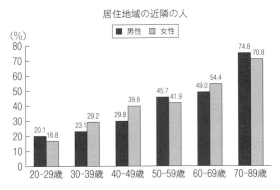
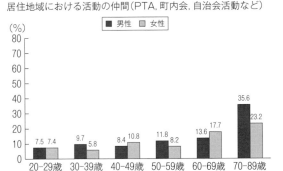
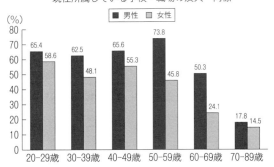
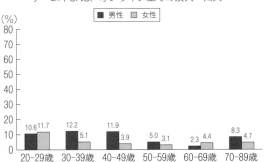
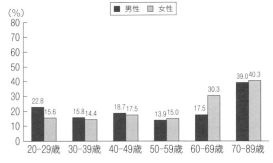

図 9-7 対面でのコミュニケーション

(資料) 厚生労働省「令和 4 年度少子高齢社会等調査検討事業」
(出典) 厚生労働省 (2023d : 27).

ナウイルス感染症禍では，人と直接会う機会が大幅に制限され，それが長期化することで，**孤独・孤立**の問題が顕在化・深刻化している (厚生労働省，2023b).

　このような状況は，親と子どものどちらにも影響を及ぼす．親については，自らが親となる以前から，他の家庭の子育てを見ることができず，小さな子どもと接する機会が少ないため，親となることに対するイメージや，子育てに必要な知識や経験などの準備が行われにくい．親となってからも，子育てや生活について周りに聞くことや困ったときに手助けを受けることが難しい状況にある．親は常に子どもと向き合わなくてはならず，育児の負担感や疲労感，孤立感が増すことになる．そして，このことは子育ての自信喪失にもつながる．子どもについては，子ども同士で遊ぶ機会が少なくなり，仲間関係の形成や規範意識の形成に影響を及ぼす．

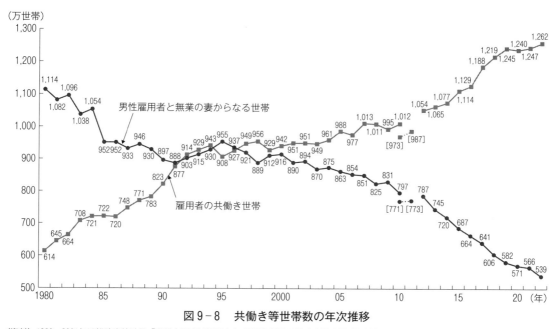

図9-8 共働き等世帯数の年次推移

(資料) 1980～2001年は総務省統計局「労働力調査特別調査」, 2002年以降は総務省統計局「労働力調査(詳細集計)(年平均)」
(注) 1. 「男性雇用者と無業の妻からなる世帯」とは, 2017年までは, 夫が非農林業雇用者で, 妻が非就業者(非労働力人口及び完全失業者)の世帯. 2018年以降は, 就業状態の分類区分の変更に伴い, 夫が非農林業雇用者で, 妻が非就業者(非労働力人口及び失業者)の世帯.
2. 「雇用者の共働き世帯」とは, 夫婦ともに非農林業雇用者の世帯.
3. 2010年及び2011年の[ ]内の実数は, 岩手県, 宮城県及び福島県を除く全国の結果.
4. 「労働力調査特別調査」と「労働力調査(詳細集計)」とでは, 調査方法, 調査月などが相違することから, 時系列比較には注意を要する.
(出典) 厚生労働省 (2023d:149).

第2節　養育者の就業形態

1　共働き家庭の一般化

養育者の就業形態は従来とは異なるものになってきている. 図9-8は, 共働き等世帯数の年次推移である. 共働き世帯と専業主婦世帯 (男性雇用者と無業の妻からなる世帯) とを比べると, 1997 (平成9) 年以降は前者の数が後者の数を上回っており, 共働き家庭が一般化していると言える.

2　収入格差

養育者の就業形態は, 生活の基盤となる経済状況に影響を及ぼす. ひとり親家庭のうち, 母子世帯数 (父のいない児童 (満20歳未満の子どもであって, 未婚のもの) がその母によって養育されている世帯) の推計は, 2021 (令和3) 年で119.5万世帯であり, 父子世帯 (母のいない児童がその父によって養育されている世帯) の推計は, 同年で14.9万世帯と報告されている (厚生労働省, 2021b). 母子世帯になった理由は, 「死別」が5.3%, 離婚などの「生別」が93.5%である. 就業の状況については, 2021 (令和3) 年では, 母子世帯の母は86.3%が就業している. このうち, 「正規の職員・従業員」が48.8%, 「パート・アルバイト等」が38.8%である. 一方, 父子世帯の父は88.1%が就業してお

り，このうち「正規の職員・従業員」が69.9％，「自営業」が14.8％，「パート・アルバイト等」が4.9％になっており（厚生労働省，2021），母子世帯と父子世帯では養育者の就業形態に違いが見られる．

「全国ひとり親世帯等調査」（厚生労働省，2021b）および「2021年国民生活基礎調査」（厚生労働省，2021a）の結果によると，母子世帯の母自身の平均年間収入は272万円であり，児童のいる世帯の1世帯当たり平均所得金額813.5万円と比べて低い水準となっている．一方，父子世帯の父自身の平均年間収入は518万円であり，母子世帯より高い水準にあるが，児童のいる世帯の1世帯当たり平均所得金額よりも低い水準となっており，300万円未満の世帯も24.4％になっている．特に，小さな子どもがいる場合は，就業時間が制限されるなどの理由から収入が低いことが多い．また，若年層は失業率が高く，非正規雇用者が多い傾向にあることから，**収入の格差**が生じている（日本保育協会，2010）．

3 子育ての負担感，経済的困難

共働き家庭とひとり親家庭のどちらにおいても，養育者が就業している場合，仕事・家事・育児に対する負担感が大きくなる．ひとり親家庭では，ふたり親に比べて負担がさらに大きい傾向にある．また，先述したように，ひとり親家庭，小さな子どもがいる家庭，親が若年層である家庭は収入が低くなる傾向にあり，経済的困難を抱える可能性がある．このような**子育ての負担感や経済的困難**は家庭外から見えにくいことが指摘されている（日本保育協会，2010）．

第3節 都市化，情報化，国際化

1 都市化

都市化とは，人口が都市に集中することにより，都市周辺の農地や自然地に住宅地や商業地，工業地が広がり，その土地の利用方法や生活様式が都市のように変化していくことを言う．都市化が進むと，住宅地が狭くなる傾向にあるため，子どもの生活の場が制限されることがある．また外遊びをする場が少なく，自然に直接触れる機会は少ない．一方で，都市部では学習施設や文化施設が多くあるため，子どもの興味・関心に応じた活動を行うことができる．ただし，住居費や教育・保育費などが高く，生活や子育てに関する経済的負担が大きくなることがある．

2 情報化

現代は**情報化社会**である．通信技術の発展により，情報が大量に早く入手・伝達することが可能になり，情報に価値が置かれている．このような社会では，子どもにとっては，メディアを通して場所を問わず経験できることが増える良さがある一方で，直接体験の機会は少なくなる．親にとっては，例えば育児情報をメディアから簡単に得られる良さがある一方で，過剰な量と多様な質の情報の中から正しい情報や目的に応じた情報の取捨選択を行うことが難しくなる．

3 国際化

現代は日本国内だけではなく国外の国や地域同士の相互の結びつきが強くなり，経済，文化，技術，政治など様々な面で互いに影響を与え合っている．それにより社会は急速に変化していくため，社会の変化が子育て家庭に与える影響も常に変化していくことになる．

第4節　価値観・ライフスタイルの多様化

都市化，情報化，国際化により，家族形態や就業形態だけではなく家庭の**価値観**や**ライフスタイル**も多様化している．子育て家庭は，様々な情報を取捨選択しながら，自分たちの価値観やライフスタイルをもとに子育てを含む生活を作っていくことになる．価値観やライフスタイルが多様化しているということは，子育ての方法が1つに決まっているわけではなく，各家庭に合った子育てがあるということである．その一方で，親が主体的に子育てについて考えていかなければならない難しさもある．そのなかで，核家族化や地域社会とのつながりが弱いために子育てについて身近に相談できる人のいないことや，他の家庭と比較をすることや他者からの見られ方や評価を気にすることによって，親の育児不安が高まることもある．保育者は子育て家庭を取り巻く社会的状況と，子育て家庭の多様化を考慮したうえで，それぞれの家庭を理解し，関わることが大切である．

（小 槻 智 彩）

第10章

人生における子育てと仕事

> **学びのポイント**
>
> ライフコースとは人生の道筋のことである．私たちはそれぞれが違う経験や選択をしながら，それぞれの人生を歩んでいく．本章では，ライフコースの考え方と時代の特徴を理解し，特に女性のライフコースの実態を概観する．
>
> 現代の女性の生き方は親世代と比べ，大きく様変わりしているといわれる．女性にとって重要な選択肢である結婚や出産，仕事と子育ての両立を可能にする支援のあり方について考えたい．
>
> 事前学習課題：10章の本文を読み，学びのポイントにあるキーワードについて，その言葉の意味を書き出しましょう．
>
> 事後学習課題：10章で学んだ内容から，あなたが保育者として何を大切にしたいのか決意表明しましょう．
>
> キーワード：ライフコース，ライフイベント，性別役割分業

第1節　ライフコース

1　ライフコースとライフサイクルの違い

　ライフコースとは，それぞれの「人生の道筋」のことであり，個人が生涯にわたって演じる役割の経歴や道筋のことをいう．私たちはライフコースの選択をするにあたり，環境の影響を受けているといえる．類似概念であるライフサイクルは，誰もが同じような人生の道筋をたどることを前提とし，環境の影響を受けにくい共通の道筋に注目している．社会における大きな出来事に影響を受けにくい状況下で，皆が同じような人生を送ることができると想定し，その共通項を描きだしているものといえる．それに対してライフコースは，環境の影響，つまりその時代の人口構成，経済状態，社会制度や戦争や災害等の大きな出来事の影響も受けながら，個々の人生をどのように歩むかを選択するものである．

　現代社会ではだれもが同じ生活を送るとはいえず，大人になっても結婚しない，子どもをもたない生活を送るかもしれない．また子どもをもってから結婚することもあり，結婚しても離婚するかもしれない．そこで，人々が自分の人生において多様な道を選択し経験していくプロセスを説明する際の考え方としてライフコースという概念が出現したのである．

2 ライフコースモデルの変化

　ライフコースの概念が注目されるようになったのは1970年代からである．かつての日本は，皆が同じような生活を送っていける社会であり，誰もが大人になって結婚し，子どもを育て，子どもが巣立ち，配偶者の死，そして本人の死をもって人生を終えるというような人生が基本のモデルだった．しかし，1970年代に入ったころから，このライフコースモデルに変化が起こり始めた．その要因の１つは，「自分の人生は自分で選択する」という価値観が広まったことである．私たちは個々に違った人生を歩んでおり，その途中で出会う人や経験したこと，これから経験することもそれぞれ異なる．進学や就職，結婚といった様々な出来事（ライフイベント）のたびに私たちは選択をし，その積み重ねによってそれぞれのライフコース，つまり個々の人生の道筋が描かれていくのである．

　特に結婚や出産においては，価値観の影響が顕著である．戦前は見合い結婚が７割を占めていたが，1960年代後半以降は見合い結婚が徐々に，そして急速に減少し，1990年代半ばには全体の１割を切っている．以前は20代半ばで未婚であれば，お見合を勧められ結婚するよう周囲からの後押しが強くなった．ところが，恋愛結婚はまず結婚したいと思う相手と出会い，お互いの結婚の意志が一致しなければ成立しない．また出産についても，生殖医療の進歩もあって，子どもは授かるものから作るものという考え方に変わっていき，出産をするかどうかはもとより，出産の時期を選択することを可能にした．

　このように結婚や出産を自らの価値観と意志で選択できるようになったことは，ライフコースの多様化につながっており，特に女性への影響は大きい．

１）　女性のライフコースの変化の特徴

　人生の途中における様々な選択によって，体験することには個人差が生じる．特に女性のライフコースは選択が多岐にわたるため，複雑である．

　ライフコースには時代の影響がかなり強く，高度経済成長期はサラリーマンが増え，働く男性を支えるよう専業主婦という役割が女性にとって一般的であった．この頃の女性は学業を終えたあと，しばらく仕事に就き，結婚か出産を機に退職し専業主婦となり二人の子どもを育てることが標準的で，ほとんどの女性が同じライフコースであった．あるいはいったん退職するが，子育てが一段落するとパートやアルバイトなどを始めるパターンであった．ところが1990年以降，それまで標準的とされてきたライフコースではなく，就職や結婚，出産といった大きなライフイベントを選択しないことがありえるようになったのである．では，現在の未婚者はどのようなライフコースを想定しているのだろうか．

　2021年の出生動向基本調査では，女性のライフコースを次の５つのように分類している．

- ・非婚就業コース：結婚せず，仕事を一生続ける．
- ・DINKs（Double Income No Kids）コース：結婚するが子どもはもたず，仕事を一生続ける．
- ・両立コース：結婚し子どもをもつが，仕事も一生続ける．
- ・再就職コース：結婚し子どもをもつが，結婚あるいは出産の機会にいったん退職し，子育て後に再び仕事をもつ．

第Ⅱ部 今日の子育てが子どもの精神保健に与える影響

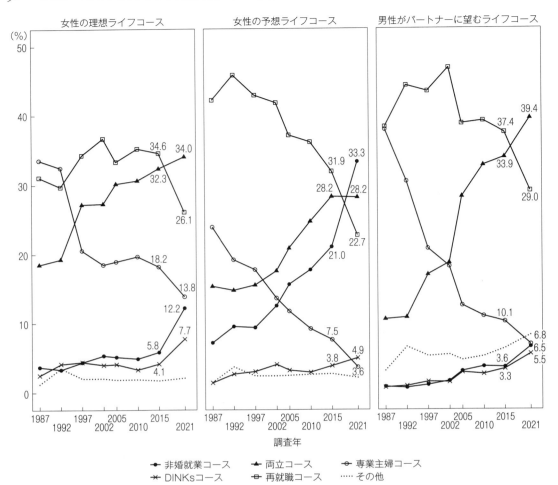

図10-1 調査別にみた女性の理想・予定のライフコース，男性がパートナーに望むライフコース

(注) 対象は18～34歳の未婚者．不詳の割合は省略．客体数は，第9回（1987）男性（3,299），女性（2,605），第10回（1992）男性（4,215），女性（3,647），第11回（1997）男性（3,982），女性（3,612），第12回（2002）男性（3,897），女性（3,494），第13回（2005）男性（3,139），女性（3,064），第14回（2010）男性（3,667），女性（3,406），第15回（2015）男性（2,705），女性（2,570），第16回（2021）男性（2,033），女性（2,053）．設問（1）女性の理想ライフコース：（第9回（1987）～10回（1992）調査）「現実の人生と切りはなして，あなたの理想とする人生はどのようなタイプですか」，（第11回（1997）～16回（2021）調去）「あなたの理想とする人生はどのタイプですか」．（2）女性の予想ライフコース：（第9回（1987）調査）「これまでを振り返った上で，あなたの人生はどのようなタイプになりそうですか」，（第10回（1992）調査）「これまでを振り返った上で，実際になりそうなあなたの人生はどのようなタイプですか」，（第11回（1997）～16回（2021）調査）「理想は理想として，実際になりそうなあなたの人生はどのタイプですか」．（3）男性がパートナー（女性）に望むライフコース：（第9回（1987）～12回（2002）調査）「女性にはどのようなタイプの人生を送ってほしいと思いますか」，（第13回（2005）～16回（2021）調査）「パートナー（あるいは妻）となる女性にはどのようなタイプの人生を送ってほしいと思いますか」．
(出典) 国立社会保障・人口問題研究所（2021：図表3-1-1）．

・専業主婦コース：結婚し子どもをもち，結婚あるいは出産の機会に退職し，その後は仕事をもたない．

　未婚の女性が理想とするライフコースは，両立コースが前回（2015年）より増加し，今回初めて最多となった．また今回の調査では非婚就業やDINKsコースも増加したが，再就職コースや専業主婦コースは減少している（図10-1）．さらに，実際になりそうだと考える予想ライフコースでは，再就職コースは減少し，両立コースは前回から横ばい状態にある一方で，非婚就業コースの増加が

目立つ.

　女性の高学歴化の影響とともに，男女雇用機会均等法（1986）の施行により，女性の雇用促進や結婚，出産後も仕事を続けるという選択肢が加わり，女性のライフコースは結婚，出産，職業を個人の責任において行うことが可能になった．結婚後の女性は家庭中心の役割を第一に考え，仕事においても家計補助等，家族のためという側面が強かったが，今では女性にとっての仕事は，女性自身の自己実現やアイデンティティの中心を成すものとして考えられるようになり，ライフコースの主要部分となった．

　これまでも全ての女性が結婚や育児で退職する道をたどるわけではなく，現代の女性は多様なライフコースを選択することが可能になった．一見するとよいことのように思えるが，これは女性が人生の様々な時点で選択を迫られていることのあらわれでもあり，新たな悩みや葛藤が生じることもある．

2）　男性のライフコース

　一方，男性のライフコースは女性と比べて多様とはいえず，今も昔もそれほど変化がない．ライフコースの選択肢に幅がなく，基本的には学業を終えた後に就労し，定年まで仕事を持ち続けることが標準的なライフコースとなる．以前は終身雇用が保証され，定年まで転職せず，妻に家事や育児を任せて仕事中心に働くことがよしとされる風潮だったが，1990年代に入った頃から転換期を迎え始める．社会的な経済不況の影響で非正規雇用が増え収入が安定しないことや，正規雇用であってもいつ失職するかもしれないといった不安から，定年までの就労が絶対とはいえない傾向があることは変化といえるかもしれない．なお，近年ではキャリアアップのための転職などのように，終身雇用にこだわらないライフコースを選択する可能性があることも変化のひとつといえるだろう．

　また前述の女性のライフコースに関する考え方について，若い女性だけでなく，若い男性の意識も大きく変わってきている．「男は仕事，女は家庭」という考え方に反対意見をもつ男性が多く，同年代の女性よりもむしろ多いようである．未婚の男性に，パートナーとなる女性に望むライフコースをたずねたところ，再就職コースや専業主婦コースが減少し，両立コースが増加している．かつて（1980年代）は専業主婦コースか再就職コースがほとんどで，両立コースをパートナーに期待する男性は極めて少なかった．1990年代以降，女性にいったん退職し再就職するということを期待する男性が多かったが，近年では女性に仕事と家庭の両立を望む男性が一層増えている．

3）　理想の結婚相手

　「いずれ結婚するつもり」である18〜34歳の未婚の男女に，結婚相手に求める条件をたずねたところ，どの年次も「人柄」に次いで「家事・育児の能力や姿勢」「仕事への理解と協力」が高かった（図10-2）．特に女性の7割が男性の「家事・育児の能力や姿勢」を重視している．また学歴，職業，経済力を重視・考慮する傾向にあり，1992年の調査以来，その傾向は変わっていない．

　男女ともに，将来の結婚相手には人柄はもとより，自分の仕事の良き理解者であり，家事や育児もともに担い合う関係でいたいと考える未婚男女が増加している．お互いに経済力を求めるところも，近年の傾向である．ただし，男性よりも女性の方が相手に経済力を求める傾向が強く，加えて家事・育児も分かち合いたいと考えているようである．

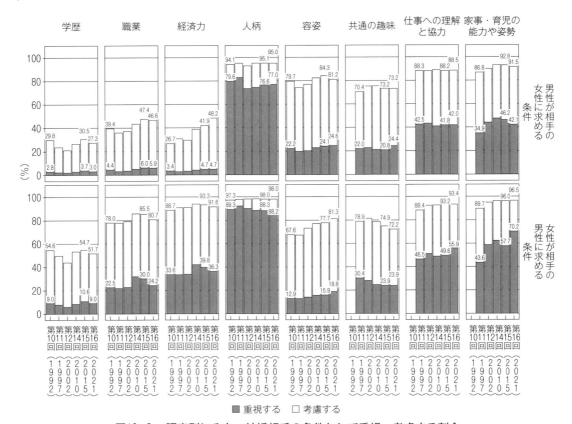

図10-2　調査別にみた，結婚相手の条件として重視・考慮する割合

（注）対象は「いずれ結婚するつもり」と回答した18～34歳の未婚者．設問「あなたは結婚相手を決めるとき，次の①～⑧の項目について，どの程度重視しますか．」〈①相手の学歴（学歴），②相手の職業（職業），③相手の収入などの経済力（経済力），④相手の人がら（人柄），⑤相手の容姿（容姿），⑥共通の趣味の有無（共通の趣味），⑦自分の仕事に対する理解と協力（仕事への理解と協力），⑧家事・育児に対する能力や姿勢（家事・育児の能力や姿勢））（1．重視する，2．考慮する，3．あまり関係ない）．
（出典）国立社会保障・人口問題研究所（2021：図表3-2-1）．

3　ライフコースの多様化と葛藤

　ライフコースの選択肢が増えることは自由度が増し，一見よいことのように思えるが，反面では新たな葛藤を生み出すことにもなる．選択肢が多ければ迷いが生じ，どのような生き方になっても自分の責任としてみなされてしまうのである．

　またライフコースが多様化したといっても，実際には自分の思うように決められるとは限らない．例えば，結婚についても社会情勢の影響や経済的な不安，女性が仕事を継続するか専業主婦となるかといったことでの結婚相手との考え方の違いなど様々な要因によって理想と現実とのギャップが生じ，スムーズに事が運ばないといったことがありえる．またこのような悩みや迷いが生じた際に，現代の女性には標準的なライフコースがない，つまり参考になるライフコースが見つけにくいということも特徴的である．男性の場合も，女性ほど多様ではないものの，女性の社会進出の影響もあって結婚観には変化がみられる．1つは，経済的な不安から結婚に踏み切れず，晩婚化や未婚化を招いた．また共働き夫婦で家事育児にも積極的に関わるというライフスタイルを選択する男性も増えた．一方で，育児参加をしたいと思う男性が，自分自身が父親と遊んだ記憶があまりないことが多

く，我が子にどう接してよいかわからないこともある．男性は外で働き，女性が家事・育児を担うという伝統的な家族文化の変化が，夫婦関係や子どもの育つ環境に影響を及ぼしていることの1つのあらわれといえる．

　なお，定年まで家庭をほとんど顧みず，仕事中心であった男性のライフコースは，家族との時間や趣味等の仕事以外の事柄も大切にするというふうに変化しつつある．仕事と家事と，育児と趣味等のバランスを自分で決めることができるのである．趣味等，自分自身のための時間をもつようになることは，男性の定年後，つまり老後のライフスタイルに良い影響があるという期待がもてる．ただし，男性の家事・育児への参加は増えているものの，まだ女性の負担はそれほど変わっていないともいえる．

第2節　性別役割分業とライフコース

1　これからの性別役割分業

　男性は働き，女性は家事育児に専念するという性別役割分業は，これが当たり前のこととして受け止められていた時代には，女性が外に出て働こうとすると"母親の責任"を持ち出してそれを阻む力が働いていた．しかし，女性の社会進出を奨励する政策が打ち出され，実際に社会的に期待される役割に変化がみられる現代においては性別による役割意識はどうなっているのだろうか．

　内閣府の調査（2016）によれば，「夫は外で働き，妻は家庭を守るべきである」という質問に対して「賛成」「どちらかといえば賛成」を選択する者の割合は年々減少し，「反対」「どちらかといえば反対」を選択する者の割合が増加している．この結果は伝統的な性別役割分業に基づく考え方が薄れてきたことを示しているように思える．また性別によって仕事や家庭に偏らず，誰もがワーク・ライフ・バランスが実現できる社会に近づいているようにも思える．ワーク・ライフ・バランスが実現できる社会とは，仕事，家庭生活，地域生活，自己啓発など，様々な活動を，ライフプランに従ってバランスよく展開し，ライフスタイルの希望を実現できる状態を指している．しかし，実際には女性が仕事を継続することへの意識は少々複雑なのである．

　「子どもができてもずっと職業を続ける方がよい」という意識は若い層ほど増えているが，10，20代では「子どもが大きくなったら再び職業をもつ方がよい」と考える者が多く，子どもが小さいうちは母親が育児を担うべきであるといった保守化の傾向がみられる．このように伝統的な性別役割意識をもつ一方で，経済的な理由から共働きを選択する女性も多く，既婚女性にとっては仮に在宅勤務等の形態をとったとしても仕事と育児のバランスをとることは難しく，両立は大きな悩みとなっている．

　子育て期には，家庭生活が中心となり，仕事と家事・育児のバランスが重要な課題となる．特に乳幼児を育てる若い世代は，家事・育児量が最も多く，仕事の面でも量・質ともに大切な時期といえる．個人のライフコースにおいても最も仕事と家庭生活のバランスを保つのが難しい時期である．

2　性別役割意識の変化と子育ての現状

　これまで述べたように，男女の役割に対する考え方は変化しつつある．しかし，実際には男性の家事育児の参加はそれほど増えているとはいえない．2021年の社会基本調査によると，6歳未満の子どもをもつ世帯では家事関連時間（家事，介護・看護，育児，買い物）は夫1時間54分，妻7時間28分であり，そのうち育児時間は夫1時間5分，妻3時間54分となっており，前回調査（2016年）時より夫の家事時間および育児時間は増加傾向で推移している．一方，妻の家事時間は減少傾向，育児時間は増加傾向で推移し，2016年で初めて育児時間が家事時間を上回り，2021年はその差がさらに拡大している（**表10-1**）．

　子育て期に女性が仕事にかける時間の長さは雇用形態によって差があり，正規雇用は6時間3分，非正規雇用では3時間51分となっている．前回調査時よりも仕事にかける時間はわずかながら減少しているものの，男性が家事育児を補っているかというと，そうとはいえないようである．子どもをもちながら仕事に就いている女性が増加している一方で，家事や育児を担っているのはやはり女性であるという現状はあまり変わっていない．家事時間，育児時間について男女差は縮小しているものの，依然として一定時間存在している．妻が家事に費やす時間は減少しているが，そのうち育児に関わる時間は増えているという現状にある．ただし，これらの調査は2021年に新型コロナウイルス感染症緊急事態宣言等が解除された直後に行われたものであり，在宅時間の影響が少なからずあると考えられる．

　また夫が家事や育児に関わる時間は少しずつ増加傾向にあるものの，1日あたりの時間は諸外国と比較してもかなり少ない．この背景には，やはり性別役割分業の考え方があり，家事や育児の現実的な負担と「女は家庭を守るべき」といった精神的圧力が女性にかかっていると考えられる．「ワンオペ育児」という言葉が生まれたように，シングルマザーや正規雇用の母親は仕事と家事をしながら，また専業主婦は孤独を感じながら一人作業の育児に奮闘している状況が続いている実態が想像できる．夫婦共働きであっても，男性は仕事中心であり，女性は職場や家族に罪悪感のようなものを感じているといわれる．"母親は仕事よりも子どもや家族のことを第一に考えるべき"という昔ながらの規範がそうさせているのではないだろうか．

　では男性は負担感なく仕事に邁進できるのかというと，そうともいいきれない．社会的には仕事

表10-1　6歳未満の子供を持つ夫・妻の家事関連時間の推移（2001年〜2021年）
　　　　　─週全体，夫婦と子供の世帯

（時間. 分）

	夫					妻				
	2001年	2006年	2011年	2016年	2021年	2001年	2006年	2011年	2016年	2021年
家事関連	0.48	1.00	1.07	1.23	1.54	7.41	7.27	7.41	7.34	7.28
家事	0.07	0.10	0.12	0.17	0.30	3.53	3.35	3.35	3.07	2.58
介護・看護	0.01	0.01	0.00	0.01	0.01	0.03	0.03	0.03	0.06	0.03
育児	0.25	0.33	0.39	0.49	1.05	3.03	3.09	3.22	3.45	3.54
買い物	0.15	0.16	0.16	0.16	0.18	0.42	0.40	0.41	0.36	0.33

（出典）総務省（2021）.

での成功が求められ，一方で「イクメン」であることや女性への気遣いを求められる．男性社員に育休取得を積極的に推奨している企業も少しずつ増えてきているが，十分理解を得ているとは言い難く，既婚男性にとっては抵抗感が大きい場合もある．これまでの男性像とは異なる現代の男性像として，社会人としての役割と父親としての役割を両立し折り合いをつけるにはまだ時間がかかるかもしれない．

3 夫婦間コミュニケーションの必要性

家庭内での役割分担は，個々の家族状況に合わせて決めていく時代である．しかしながら日本における役割分業は，伝統的なかたちが残り，価値観の変化に追いついていないようである．その理由の1つには，夫婦間のコミュニケーションの問題があるといえよう．日本人は自らの我慢や思い込みで判断してしまうことが多く，夫婦や家族といった親密な関係性の間柄であれば，言わなくてもわかってもらえるだろうとの考えから，お互いの思いや希望を十分話し合わないまま，ずれが生じることも少なくないだろう．それぞれの思い描くライフコースが異なる場合や，自分のライフコースはそのままに相手のライフコースに変更を求める場合は，強い葛藤が生じることになりかねない．思いを言葉にし，コミュニケーションをしっかりとることで，お互いが理解し合い調整し合うことが，それぞれの家族に適した役割分業を見つけることにつながるだろう．

第3節　親と育ち

1 親になるプロセス

親になるということは，育てられる立場であった人が育てる立場になるということである．子どもは親の養育を受けながら，またその時代や社会の影響も受けながら成長し，やがて次の世代を生み出していく．親となり，育てられる立場から育てる立場に変わるということは，単に立場が変わるというものではなく，それまでの生き方や態度を変えることでもある．

では，実際に親になるという経験はどのようなものなのだろうか．まず準備段階としては，子どもの頃から始まっている．小さいものや弱いものを守り，育てようとする思いは，幼い頃の仲間や年少児との関わり，またその後の経験によって育まれていく．“女性には母性本能というものがあるから”などとよくいわれるが，母性本能と称されるような自然と子どもの世話をしたくなるといった感情は性別に関係のないものである．性別によらずまだ幼い1歳児であっても，自分のそばに泣いている子どもがいれば，小さな手で泣いている子どもの頭をなでて慰めたりするような行動がみられる．幼少期から年少児と関わる機会が多かった人は，そうでない人よりも子どもにポジティブな感情をもつ傾向にあるといわれている．

子どもが誕生すると，いよいよ子どもとの生活が現実的になる．子どもが生まれてからしばらくの間は，子どものリズムに合わせた新しい生活への適応の時期である．言葉で意思表示をすることができない乳児を育てるとなれば，新米の親は途方に暮れることも少なくないだろう．「なぜ泣いているのか」「なぜ何をしても泣き止まないのか」「悪い病気ではないか」などと悩み，あれこれ試

行錯誤しながら子どもと向き合い，新しい生活に適応していくのである．

　幼児期に入る頃には，いわゆる反抗期が始まり，子どもが自立に向けて歩み始めたことがわかるようになる．親自身に余裕がないときなどは，自立しはじめた子どもの自己主張に親の感情が逆なでされることもあり，子どもとの対立や葛藤が生じることもある．しかしこういった体験や気づきは，子どもの発達や子育ての方針，子どもとの関わり方を見直す契機にもなる．親になるということは，子どもが生まれた瞬間に完成するわけではない．実際に子育てをする経験や1人の人として子どもと向き合うことから，親自身も親として成長・発達していくのである．

2　自らのライフコースと向き合うことの必要性

　日本の少子化は加速しており，2023年の出生数は75万8631人と過去最少となり，推計より12年早いペースで少子化が進んでいるといわれる．合計特殊出生率も1.20と過去最低であり，深刻さは増している．結婚したい若者は多く，結婚した夫婦の多くは子どもを持ちたいと思っているが，結婚できなかったり希望する数の子どもをもてなかったりするのはなぜだろうか．またなぜ結婚しない若者が増加しているのかといったことにもいくつかの理由がある．男女の出会いが少ない，経済的な不安，キャリアプラン，晩婚化，晩産化など様々な要因が影響している．この他に，バブル崩壊後の親の姿を見て，こうなりたいというモデルとなる夫婦像が減っているのではないかという指摘もある．

　自らのライフコースを選択するにあたり，自分は仕事や結婚，子育てに何を求めるのかを考え，自らの価値観を見つめ直し，真剣に向き合うことの意義は大きい．仕事をしながら子どもを産み育てるというライフコースは選択肢の1つである．しかし，それだけが正しいのではない．少子高齢化の日本では，女性が仕事をして子育てもするということが「正しい」生き方とされるが，これからの標準モデルとされる風潮には注意が必要である．就労していなくとも，子育てや介護をしながら地域活動をする人，子どもはいないが仕事や社会貢献に励む人など，様々なかたちで社会活動を行っている人が多くいることを忘れてはならない．自身の人生を自己決定でき，他者の自己決定を尊重できる力が必要になってきているのである．

3　ライフコースの視点を生かした子育て支援

　今，子育て期にある世代は，ライフコースの多様化と変化の時代を迷いながら生きている．親世代とは異なるライフコースを選んだものの，どう歩んでいけばよいのか，これでよかったのだろうかと不安や迷いを抱くことも多いだろう．モデルがなく，配偶者との間で新たな役割分担を作り出していくという負担，子育て期の年齢幅が広がったことによる価値観の多様化など，手探りの子育てである．

　子育て中の親が育児不安に陥ったときも一般的な親子関係の問題として捉えてしまうのではなく，親のライフコースといった視点を活かしていくことも大切である．親のライフコースがどのように選択され，そのライフコースのなかでつまずきを抱えていないかどうかという視点をもって親の話を聴いていくと保護者理解の視野が広がり，信頼関係の構築にもつながる．この信頼関係は，

その後の支援を行う際に力強い支えとなるだろう．親自身が自信を取り戻し，自分で問題解決に向けて行動していくための支援が可能となるのである．

（要　正子）

第11章

多様な家庭形態とその理解

学びのポイント

家庭と聞いて，どのような形を思い浮かべるだろうか．三世代が同居する家庭，両親と子どもの家庭，同性パートナーによる家庭，事実婚の家庭等．近年，社会の変容，個人のライフスタイルや意識の変化により，家庭の形態が多様化してきている．この章では多様化する家庭の一例として，ひとり親家庭，ステップファミリー，里親家庭について取り上げ，保育者としてその概要を理解し，支援の基礎としてもらいたい．

事前学習課題：11章の本文を読み，学びのポイントにあるキーワードについて，その言葉の意味を書き出しましょう．

事後学習課題：11章で学んだ内容から，あなたが保育者として何を大切にしたいのか決意表明しましょう．

キーワード：ひとり親家庭，ステップファミリー，里親家庭

第1節　ひとり親家庭とその理解

1　ひとり親家庭の現状

離婚や死別，未婚のまま出産をした等，様々な理由で**ひとり親**となった家庭がある．近年は母子世帯の母のことをシングルマザー，父子世帯の父のことをシングルファーザーなどと呼ぶこともある．国は5年に1度，「全国ひとり親世帯等調査」を実施し，公表を行っている．この調査では，父のいない児童（20歳未満の子どもであって，未婚の者）がその母によって養育されている世帯を母子世帯，母のいない児童がその父によって養育されている世帯を父子世帯と定義している．2021（令和3）年度に実施された調査結果（**表11-1**）によると，母子世帯数は119.5万世帯，父子世帯は14.9万世帯である．ひとり親世帯はここ10年では減少傾向にある．

ひとり親になった理由については，離婚が母子世帯では79.5％，父子世帯では69.7％，死別が母子世帯では5.3％，父子世帯では21.3％となっている．ひとり親家庭になった理由については離婚が大半を占めている．2023（令和5）年の厚生労働省の定点観測調査「人口動態統計」によると離婚件数は約18万3千組で，夫婦の3組のうち1組が離婚をしており，離婚は珍しいものではなくなってきている（厚生労働省2024b）．また日本では離婚後は父または母のどちらかが子どもの親権を持つ単独親権制度がとられており，親権者の親のもとで子どもが養育されていることが多く，単独親権者の約85％が母親である．そのような中，2024（令和6）年に離婚した後も父母双方が親権を持

第11章　多様な家庭形態とその理解　*99*

表11-1　ひとり親家庭の現状

		母子世帯	父子世帯
1	世帯数	119.5万世帯 （123.2万世帯）	14.9万世帯 （18.7万世帯）
2	ひとり親世帯になった理由	離婚　79.5% （79.5%） 死別　5.3% （8.0%）	離婚　69.7% （75.6%） 死別　21.3% （19.0%）
3	就業状況	86.3%	88.1%
	就業者のうち　正規の職員・従業者	48.8%	69.9%
	うち　自営業	5.0%	14.8%
	うち　パート・アルバイト	38.8%	4.9%
4	平均年間収入	272万円	518万円
5	平均年間就労収入	236万円	496万円
6	平均年間収入	373万円	606万円

（注）（　　）内の値は，前回（平成28年度）調査結果を表している（平成28年度調査は熊本県を除いたものである）．
（出典）厚生労働省（2022c）より筆者作成．

つ「共同親権」を可能とする民法などの改正案が成立し，2年以内に施行される．共同親権のもとでは進学や居住地といった様々な選択について父母の話し合いで決めることになり，離婚後も父母が養育に責任を持つことができる一方で，虐待やDVの被害が継続しかねないという課題もある．

2　ひとり親家庭と経済的困難

　前掲の「全国ひとり親世帯等調査」によれば，母子世帯の就業状況について，パート・アルバイトが38.8%（父子世帯は4.9%）で，平均年間就労収入が236万円（父子世帯は496万円）であった．厚生労働省が2023（令和5）年に発表した「国民生活基礎調査」における貧困線にあたる可処分所得が127万円であることを考慮すると，母子世帯の生活は経済的な困難を抱えていることがうかがわれる．また政府の「こども未来戦略」（2023a：21）においても，子どものいる世帯の約1割がひとり親世帯で，その約45%が「相対的貧困」であると明記されている．

　正規雇用であれば有給休暇等といった福利厚生はある程度用意されているが，パートやアルバイトといった非正規雇用の場合，その雇用形態上，働かなければその分収入が減ってしまう．たとえば，親が病気で休職した場合や子どもの急な体調不良のため，保育園等に子どもを迎えに行かなければいけなくなった場合，当然働くことができないため収入が減ってしまい，安心して子育てに向き合うことができない．

　また家庭の経済的な困難は子ども自身にも影響を及ぼす．「子どもの貧困白書」（2009年）によれば，子どもの貧困は「子どもが経済的困難と社会生活に必要なものの欠乏状態におかれ，発達の諸段階における様々な機会が奪われた結果，人生全体に影響を与えるほどの多くの不利益を負ってしまうこと」と述べられている．子どもが貧困のなかで育つことは，衣食住，医療，余暇活動，日常的な養育，学習環境，学校教育などの側面で様々な面で負の影響受けることも指摘されている．

3　ひとり親家庭への支援

　ひとり親家庭への支援策として，経済的支援，就業支援，子育て支援等があげられる．経済的支援策の代表的なものとして**児童扶養手当**がある．児童扶養手当は児童扶養手当法に基づき，「父又は母と生計を同じくしていない児童が育成される家庭の生活の安定と自立の促進に寄与するため，当該児童について児童扶養手当を支給し，もつて児童の福祉の増進に寄与する」ことを目的としている．また生活困窮者自立支援法に基づく学習支援事業として，公民館などの公共施設を会場に学生や教員 OB が学習ボランティアとして生活保護世帯や住民税非課税世帯の子どもたちを対象に学習支援を行うといった事業も展開されている．

　前掲の「全国ひとり親世帯等調査」によると，ひとり親家庭の親は「しつけ」といった子育ての悩みを抱えている場合が多いことが示されている．その一方で相談相手がいると回答したのは母子世帯では約80％，父子世帯では約50％となっている．悩みを打ち明けられる相手は身近な存在である保育者であることも十分考えられる．父子世帯の約50％，母子世帯の約20％は保護者自身から相談できていない．そのような家庭のため保育者は常日頃からアンテナを張り，感度を高め，子どもの様子や保護者のちょっとした変化に気づき，保育者から声をかけることも大切である．

　また子どもへの心理的影響について，福丸 (2020) は，離婚による子どもの反応は発達段階によって異なることを指摘している．幼児であれば，赤ちゃん返りやもう 1 人の親から拒絶されたと感じる．幼児後期から学童期には，両親が離婚したのは自分のせいではないかと思いやすくなるという．両親の離婚を経験することは子どもに心理的なストレスを与えるため，子どもの発達段階に応じた支援が必要である．

第 2 節　ステップファミリーの理解

1　ステップファミリーとは

　ステップファミリーとは，「親の再婚あるいは新たなパートナーとの生活を経験した子どものいる家族」(SAJ・野沢, 2018：11) のことである．このなかには未婚のまま子育てをしてきた母親が新たにできたパートナーと同居して生活をする事実婚も含まれる．実母・子どもと男性 (子どもなし)，実父・子どもと女性 (子どもなし)，実母・子どもと実父・子どもといったように，ステップファミリーと言っても様々な形態があり，一緒に暮らすことになる人数，親や子どもの年齢，また元パートナーとは死別なのか離婚なのか，離婚の理由は何だったのか等，その背景についても多様である．以前のパートナーとの子どもがいる人と再婚または事実婚をすることで，子どもと新たなパートナーの間の関係は「継親子」，また新たなパートナーのことを継親 (継母・継父)，継親からみた子どものことを継子と呼ばれることがある．

　国の人口動態調査によると，2022 (令和 4) 年における婚姻全体に占める再婚夫婦 (夫婦のどちらか一方又は両方が再婚である夫婦) の割合は，婚姻全体の25％以上である．当然，このなかには子どもを連れて再婚する夫婦も含まれていることから，毎年多くのステップファミリーが生まれており，保育者が現場でステップファミリーと出会う可能性は高いと思われる．そのため，保育者には

ステップファミリー特有の課題を理解しておく必要がある.

2　ステップファミリーの抱える課題

　ステップファミリーの特徴の1つに，最初から子どもがいるということがあげられる．子どもと生活をしたことのある継親であれば，子どものいる家族というものが多少はイメージしやすいかもしれないが，初婚の継親にとっては結婚自体が初めてであるだけではなく，いきなり子どもと生活をともにするだけに様々な場面で困惑することが多いと考えられる．なかでも育児経験のない女性が継母として家庭に入る場合，相当なプレッシャーとストレスを抱えており，また継母が「いい母親」になろうとして継子を厳しくしつけようとすると関係が悪化することが指摘されている（野沢・菊池，2021：119–120）.

　実親子の中に新たな継親や継きょうだいが加わり，新しい家族を築き上げていく過程で，生活習慣やルールの違いから不満が出やすいといった特徴もある.家族がまとまり，成熟したステップファミリーになるまでに少なくとも4〜5年ほど必要だと言われている（ペーパーナウ，2015：239）.

　またステップファミリーの子どもたちも様々なストレスを抱えている．野沢（2018：58–59）は，ステップファミリーの子どもたちには，Loss（喪失感），Loyalty（親に対する忠誠心），Lack of Control（死別・離別・再婚など，自分でコントロールできない状況）の「3つのL」という共通した要素をあげ，ステップファミリーの子どもが抱きやすい独自のストレスをあげている．特に思春期・青年期の子どもたちにありがちなストレス状況として以下のものを例示している．支援者は子どもも心理的な負担を抱えていること，またストレスを抱えやすい状況を十分に理解しておくことが大切である.

- ・実親同士の口論やお互いへの悪口をきかされること（電話でも家庭内でも）
- ・元の家族に戻りたいと思うこと，それが叶わないことだと我慢すること
- ・もっと実親に甘えたい，話したいのに，新しい家族にその時間を奪われたと感じること
- ・自分が要らない子だと感じること
- ・実親（継親）が，自分よりも継子（実子）を優先すること
- ・自分は気持ちの準備ができていないのに実親が継親との結婚や同居を決めてしまったこと
- ・継親を「お父さん／お母さん」「パパ／ママ」と呼ぶように言われたこと
- ・離れて暮らす実親と会えなくなったこと
- ・継親が親のように振る舞い，厳しく叱られること
- ・問題があると自分のせいだと非難されること
- ・継親との関係で自分が苦しんでいる時に実親が継親側に立ってしまって自分の味方になってくれないこと
- ・新しい家族がうまくいくために，自分が我慢しなければいけないと思うこと

3　不適切な養育に陥らないために

　親の離婚・再婚は親の問題だから子どもには関係ないということでは決してない．親の離婚・死

別は子どもにとっては「喪失体験」であり，子どもは様々な感情を抱いている．また実親と継親の
あいだに子どもができると上の子どもが疎外感を抱くこともあるだろう．親の離婚・再婚は子ども
に心理的な負担をかけることを親だけではなく保育者も十分に認識しておく必要がある．子どもが
不安定になったとき，また家庭が不安定になったとき，保育者の役割はとても重要になってくる．
家族が家族として成長していく過程はそれぞれの家族によって違いがあって当然である．保育者が
既存の家族の形をイメージして，不適切な助言や支援をすることで，親を追いつめ，さらには子ど
もをも追いつめるといったことはあってはならない．ステップファミリーという家族の独自性や家
族のメンバーが抱えやすいストレス等を理解し，さらには家族の多様性について理解を深めておく
必要がある．

第3節　社会的養護のもとにある子どもと家族の理解

1　社会的養護のもとにある子どもたち

　児童養護施設等の社会的養護の課題に関する検討委員会・社会保障審議会児童部会社会的養護専
門委員会がとりまとめた「社会的養護の課題と将来像」において，**社会的養護**とは，「保護者のな
い児童や，保護者に監護させることが適当でない児童を，公的責任で社会的に養育し，保護すると
ともに，養育に大きな困難を抱える家庭への支援を行うこと」と定義づけている．その対象は具体
的には保護者が死亡あるいは行方不明，経済的な理由による養育困難，保護者が子どもを虐待して
いる等といったケースである．

　社会的養護の範囲には様々な考え方があるが，狭義では家庭代替機能を果たす「家庭養護」と「施
設養護」を指す．家庭養護と施設養護は**図11-1**のように里親，ファミリーホーム（小規模住居型児
童養育事業），種々の施設である．社会的養護のもとで暮らしている子どもの人数は**表11-2**の通り
である．先進諸国の社会的養護は里親への委託が基本となっているが，日本では施設養護が中心と
なっている．

2　里親家庭等

　2016（平成28）年の「児童福祉法」の改正により社会的養護は「家庭と同様の環境における養育
の推進」が求められるようになった（**図11-2**）．まず，子どもが家庭，すなわち実父母や親族等の
養育者のもと健やかに養育されるよう，子どもの保護者を支援していく．それが困難であれば「家
庭における養育環境と同様の養育環境」つまり，**養子縁組**による家庭，**里親家庭**，**ファミリーホー
ム**（小規模住居型児童養育事業）での養育を検討する．その次ができる限り「良好な家庭的環境」，
つまり，施設のなかでも小規模で家庭に近い環境（小規模グループケアやグループホーム等）での養
育を行っていくことを明確にした（児童福祉法第3条の2）．

　さらに，2017（平成29）年の「新しい社会的養育ビジョン」では，愛着形成に最も重要な時期で
ある3歳未満については概ね5年以内に，それ以外の就学前の子どもについては概ね7年以内に里
親委託率75％以上を，学童期以降は概ね10年以内を目途に里親委託率50％以上を実現するという目

第11章　多様な家庭形態とその理解

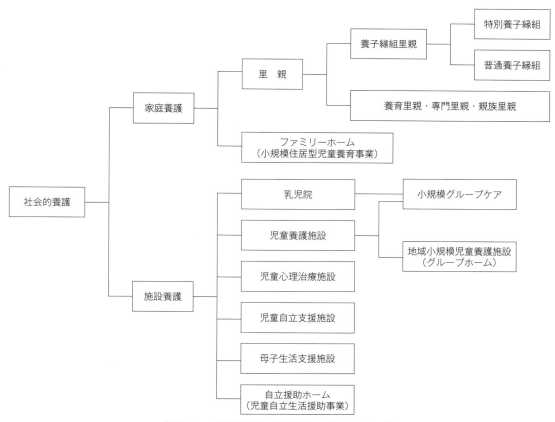

図11-1　家庭養護と施設養護の体系イメージ

(出典) 川並利治・和田一郎・鈴木勲 (2018：131) をもとに筆者作成.

表11-2　社会的養護の現状

里親	家庭における養育を里親に委託		登録里親数	委託里親数	委託児童数	ファミリーホーム	養育者の住居において家庭養護を行う (定員5～6名)	
			15,607世帯	4,844世帯	6,080人			
	区分(里親は重複登録有り)	養育里親	12,934世帯	3,888世帯	4,709人		ホーム数	446か所
		専門里親	728世帯	168世帯	204人			
		養子縁組里親	6,291世帯	314世帯	348人		委託児童数	1,718人
		親族里親	631世帯	569世帯	819人			

施設	乳児院	児童養護施設	児童心理治療施設	児童自立支援施設	母子生活支援施設	自立援助ホーム
対象児童	乳児(特に必要な場合は,幼児を含む)	保護者のない児童,虐待されている児童その他環境上養護を要する児童(特に必要な場合は,乳児を含む)	家庭環境,学校における交友関係その他の環境上の理由により社会生活への適応が困難となった児童	不良行為をなし,又はなすおそれのある児童及び家庭環境その他の環境上の理由により生活指導等を要する児童	配偶者のない女子又はこれに準ずる事情にある女子及びその者の監護すべき児童	義務教育を終了した児童であって,児童養護施設等を退所した児童等
施設数	145か所	610か所	53か所	58か所	215か所	317か所
定員	3,827人	30,140人	2,016人	3,403人	4,441世帯	2,032人
現員	2,351人	23,008人	1,343人	1,103人	3,135世帯 児童5,293人	1,061人
職員総数	5,519人	21,139人	1,512人	1,847人	2,070人	1,221人

(出典) こども家庭庁 (2024c：5).

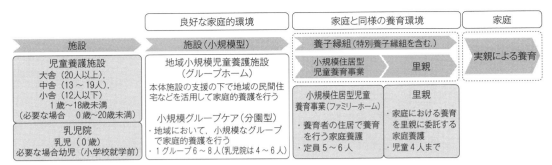

図11-2　家庭と同様の環境における養育の推進

（出典）こども家庭庁（2024c：3）．

標が明記された．

　里親委託から期待できる効果として，「里親委託ガイドライン」では次の3つをあげている．第一に，特定の大人との愛着関係の下で養育され，安心感の中で**自己肯定感**を育み，**基本的信頼関係**を獲得できること．第二に適切な家庭環境を体験する中で，家族のありようを学び，将来，家庭生活を築く上でのモデルにできること．第三に家庭生活の中で人との適切な関係の取り方を学んだり，地域社会の中で社会性を養ったりするとともに，豊かな生活体験を通じて生活技術を獲得できることとしている．さらに里親は，委託解除後も関係を持ち，いわば実家的な役割を持つことができるといった効果があるとしている．

3　親子関係の再構築に向けて

　一昔前までは社会的養護のもとで暮らす子どもたちには，両親ともに死亡あるいは行方不明といったケースが多かった．しかし近年は，虐待，傷病，経済的困窮等，子どもと家庭を取り巻く環境が多様化しており，それにともない，社会的養護のもとで暮らす子どもたちの多くに親（保護者）がいるという状況である．そんな中，2024（令和6）年4月に施行された児童福祉法等の一部を改正する法律において，**親子関係再構築支援**を適切に行う親子再統合支援事業が設けられ，都道府県等はこの事業が着実に実施されるよう必要な措置の実施に努めなければならないこととされた．

　こども家庭庁の「親子関係再構築のための支援体制強化に関するガイドライン」（2023b）によると，「『親子関係再構築支援』とは，こどもと親がその相互の肯定的つながりを主体的に築いていけるよう（目的），虐待をはじめとする養育上の問題や課題に直面している家庭の親子関係の修復や再構築に取り組むことである．親子関係再構築支援に当たっては，こどもの権利に根差して，こどもの健やかな育ちのため，パーマネンシー保障を目指す中で，こどもの最善の利益の実現を目的として実施する必要がある」とされている．親子関係再構築支援は家庭復帰を一様に目的とするものではなく，親との肯定的な関係を再構築し，一定の距離での交流ができるようになるための支援も含まれる．そこでは子どもの意見や意向を尊重することが大切であり，子どもの発達段階に応じた支援が必要である．

　親子関係再構築支援をすすめるにあたって，都道府県（児童相談所）だけではなく，家族はもちろんのこと関係機関との協同が求められる．そこには乳児院や児童養護施設がこれまでに蓄積して

きた知識や技能が欠かせないことから，社会的養護における保育者の存在はとても重要である．また親子関係再構築支援は在宅で生活する親子を対象とした支援も含んでおり，さらに家庭復帰した後の見守りや家族状況のアセスメントという視点に立てば，保育現場における保育者の果たす役割も大きい．

（三宅右久）

第12章

特別なニーズがある家庭とその理解

> **学びのポイント**
>
> 　特別なニーズがある家庭は，それぞれに何らかの困難さを抱えており，子どもを育てる環境的基盤が脆弱であるために，周囲の適切な理解と支援が必要となるケースが多い．この章では，特別なニーズがある家庭のなかでも，特に「（発達上）特別な支援を要する子どもの居る家庭」「保護者に障がいや心の病がある家庭」「虐待の疑いがある家庭」「外国にルーツをもつ家庭」について取り上げる．
>
> 事前学習課題：12章の本文を読み，学びのポイントにあるキーワードについて，その言葉の意味を書き出しましょう．
> 事後学習課題：12章で学んだ内容から，あなたが保育者として何を大切にしたいのか決意表明しましょう．
>
> 　キーワード：特別な支援を要する子ども，保護者の障がいと心の病，児童虐待，外国にルーツをもつ家庭

第1節　特別な支援を要する子どもとその家庭

1　特別な支援を要する子どもの現状とその理解

1）　障がい，または，障がいに類する発達特性を有する子ども

　本章で取り上げる**特別な支援を要する子ども**とは，障がい，あるいは，障がいとは診断されなくとも，言葉が遅い，気持ちの切りかえが難しいなど，障がいに類似の特性を有するために日常生活に支障があり，周囲からの支援を必要としている子どもたちのことである．

　近年，特別な支援を要する子どもの数は増加している．文部科学省のまとめによると，2012（平成24）年度～2022（令和4）年度の10年間で特別支援教育を受ける児童生徒数が約2倍に増加した（文部科学省，2023）．また，2022（令和4）年に実施された調査結果によると，通常の学級における「知的発達に遅れはないものの学習面又は行動面で著しい困難を示す」とされる子どもの割合は，全国の公立小・中学校で児童・生徒全体の8.8％に上った（文部科学省，2022）．

2）　子どもを理解する視点

　特別な支援を要する子どもとその家庭を支援するには，その前提として，子どもについての**適切な実態把握**（アセスメント）を行う必要がある．なぜなら，たとえ同じ障がい区分であっても，症状の程度や発達段階，取り巻く環境は様々であり，それらに応じて必要な支援も異なるからである．

第12章　特別なニーズがある家庭とその理解　107

　例えば，自閉スペクトラム症の子どもの中には，年長児になっても言葉が出ない子もいれば，流暢に話す子もいる．また，絵カードなどの視覚支援があるとスムーズに行動できる子もいれば，絵カードに興味を示さない子もいる．もちろん，個々の子どもの家庭環境も多様である．

　保育者は，子どもの診断名に過度にとらわれる事なく，また，診断の有無にも関わらず，まずは，目の前の子ども一人ひとりを丁寧に理解することが大切である．そして，そのためには，保護者，および関係機関から情報収集し，適切なアセスメントを行なう必要がある．

2　特別な支援を要する子どもの保護者

　特別な支援を要する子どもの保護者は，そうでない保護者よりストレスを抱えやすいということが知られている．その理由の1つには，**育児の困難さ**が推察される．

●事例12-1

> 　3歳児のAちゃんは，週の半分程度，昼頃に登園する．ある日，保育者が尋ねたところ，保護者は次のように話した．
> 　「夜，寝かしつけに1時間から2時間ほどかかるんです．その分，どうしても起床が遅くなって……無理に起こせば癇癪を起こして大変で……．」

　支援の必要な子どもの中には，寝つきが悪い，熟睡できないなど，睡眠に問題を抱えている場合が少なくない．また，偏食や食事の摂取量にムラがあるといった食事の問題や，特定の感覚刺激（例：大きな音，人込み）への苦手さから癇癪を起こすなど，様々な困難を抱えていることがある．このような子どもへの対応に，保護者は日々苦戦し，心身ともに疲弊していることが多い．

　ところが，保育者が家庭での子どもの様子を尋ねても，事例のようには話してもらえない場合もある．実際には困りごとがあっても打ち明けにくいと感じていたり，話しても理解してもらえない，あるいは，自分の育児について何か指摘されるのではないかと危惧したりするなどである．こうした場合，保護者は1人でストレスを抱え込んでいくことになる．

　一方，保育所等において対応が難しいと思われる子どもであっても，家庭では，それほど困っていないこともある．保護者は，無意識のうちに子どもの特性に合わせながら育児を進めており，親と子の歯車がうまく噛み合っていることから，親子の関係性においては，特別な支援の必要性を感じていないことがよくある．このようなケースでは，保育者の思いと保護者の思いとの間に隔たりがあるため，子どもへの支援の在り方について丁寧に話し合う必要がある．

3　子どもおよび保護者に対する理解に基づいた支援

　子どもと保護者を支援するには，まず，育児の大変さを理解し共感的に接すること，そして保育者は，いつでも気軽に相談してもらえる存在であることが大切である．そのためには，日頃から，家庭と保育所それぞれにおける子どもの様子について話し合い，子どもへの関わりがうまく行った時，反対にうまくいかなかった時の経験なども共有し，子どもを「ともに育てる」姿勢を大切にしたい．

また，可能であれば，専門的な助言を受けることが望ましい．市町村の保健センター，児童発達支援センター等に発達や障がいについて相談できる窓口がある．市町村では，母子保健法に基づき**乳幼児健康診査**（1歳6か月児健康診査，3歳児健康診査）を実施しており，多くの自治体では，発達に詳しい心理専門職等が個別の発達相談に応じている．ただし，保護者側には，乳幼児健康診査等で「発達の遅れを指摘されるのではないか」という防衛的な心理や拒否感をもつ場合もあるため，相談を受けるよう勧奨する際には注意を要する．

このように，特別な支援を要する子どもへの対応については，その思いに寄り添いつつ，保護者の意思を尊重しながら，ともに子どもを育てていくという心構えと支援が大切である．

第2節　保護者に障がいや心の病がある家庭

1　保護者に障がいがある場合

障がいには様々なものがあり，それぞれの障がいの状況に応じた対応が必要となるが，ここでは特に**知的障害**（知的発達症）を取り上げる．

知的障害は，発達期に現われる障がいで，知的機能と適応機能との両面に困難さがあるために，日常生活において何らかの支援を必要とするものである．個人個人によって障がいの状態や程度は異なり，それぞれに応じて必要な支援も多様であるが，特に子育てに関しては，障がいの程度に関わらず支援が必要とされる．例えば，複数の情報を整理して，その中から何が重要かを判断したり，優先順位をつけて計画的に物事を進めたりすることが難しいために，子どもの健康管理や子どもの育ちに応じたしつけ，教育などについて課題が生じる場合，周囲からの適切な支援が必要となる．また，言葉の理解や表現に制限があるために，保育所等とのコミュニケーションがスムーズにいかない場合もある．

保育者は，まずは，保護者の言葉に耳を傾け理解するよう努め，保育者が話すときには平易な言葉を用い，要点を具体的かつ簡潔に伝えるようにする．こうした姿勢は，保護者の障がいの有無に関わらず，常日頃から心がけておく必要がある．

保護者が，医療・福祉等の公的サポートを受けている場合には，そうした関係機関と連携することが望ましい．

2　保護者が心の病を伴う場合

近年，うつ病や統合失調症などの心の病により医療機関に通う人は増加している．ここでは，**うつ病**の保護者とその支援について取り上げる．

うつ病とは，気分の落ち込み，興味や喜びの喪失，食欲の減退（または増加），不眠（または過眠）などの症状が見られる疾患で，症状が重篤な場合には自死に至ることもある．育児への影響としては，例えば，子どもの身の回りの世話が十分にできない，子どもの遊びや話の相手ができない，できたとしても子どもに対して共感的に接することができない，などである．保護者は，「親としての役割が十分に果たせていない」と自責の念をもち，さらに自身の症状を悪化させることもあり得

る．

　子どもにとっては，親の体調を気遣って甘えたい時に十分に甘えることができない，親の代わりに家事を担う，といった状況が日常化することがあるため，子どもらしい生活経験の不足や，情緒面への影響が懸念される．

　保育者としては，子どもが保育所等で安心して過ごし，子どもがありのままの自分でいられるよう支援することと，保護者に対しては，保護者の辛さを理解し共感的に接することが大切である．

　心の病については，保育の場だけで問題解決を図れるものではない．医療や福祉等，関係機関と連携しながら子育てを支援することが望ましい．

第3節　虐待の疑いがある家庭

1　子どもの虐待とその現状

　児童相談所における子どもの虐待相談対応件数は年々増加しており，2012（平成24）年度から2022（令和4）年度の間に3倍以上増加した（こども家庭庁，2023c）．

　児童虐待には，身体的虐待，性的虐待，ネグレクト，心理的虐待の4つの類型があり，具体的には，以下のような例が該当する．

　　身体的虐待：殴る，蹴る，叩く，投げ落とす，激しく揺さぶる，やけどを負わせる，溺れさせる等
　　性的虐待：子どもへの性的行為，性的行為を見せる，ポルノグラフィの被写体にする等
　　ネグレクト：家に閉じ込める，食事を与えない，ひどく不潔にする，自動車の中に置き去りにする，重い病気になっても病院に連れて行かない等
　　心理的虐待：言葉による脅し，無視，きょうだい間での差別的扱い，子どもの目の前で家族に対して暴力をふるう（面前DV）等

2　虐待が子どもの発達に与える影響

　虐待が子どもの発達に与える影響は身体面に限らない．例えば，ネグレクトによって子どもへの関わりが極端に減少する，あるいは発達レベルにそぐわない過大な要求をする，などによって，結果として子どもの知的発達を阻害することがある．また，心理面においては，深刻な心の傷（トラウマ）を負うほか，保護者との愛着形成ができない，自己評価が低くなるなど，心の発達にも深刻な影響を及ぼし得る（**表12-1**）．

3　虐待が疑われるとき

1）　児童虐待に係る通告

　児童虐待を受けたと思われる子どもを発見した場合，速やかに児童相談所等に通告するよう，「**児童虐待の防止等に関する法律（通称児童虐待防止法）**」により定められている．また，保育所保育指針では，次のように示されている．

表12-1　虐待が子どもの発達に与える影響

身体面	身体的虐待が重篤な場合，死に至ったり重い障害が残る可能性がある． ・打撲，切創，熱傷など外から見てわかる傷 ・骨折，鼓膜穿孔，頭蓋内出血などの外から見えない傷 ・栄養障害や体重増加不良，低身長 ・愛情不足により成長ホルモンが抑えられた結果の成長不全
知的発達面	・安心できない環境での生活により，落ち着いて学習に向かえない，ネグレクトにより登校がままならない等によって，元々の能力に比して知的な発達が十分に得られない． ・子どもの知的発達にとって必要なやりとりを行わない，逆に年齢や発達レベルにそぐわない過大な要求をするなどにより，その結果として子どもの知的発達を阻害する．
心理面 ア　対人関係	・保護者との愛着形成ができないため，結果として他者を信頼できず，対人関係の構築がうまくできない．
イ　低い自己評価	・自分が悪いから虐待されるのだと思ったり，自分は愛情を受けるに値する存在ではないと感じるため，自己に対する評価が低下する．
ウ　行動制御の問題	・保護者からの暴力を受けた子どもは，暴力で問題を解決することを学習し，学校や地域で粗暴な行動をとるようになることがある．
エ　多動	・虐待的な環境で養育されることは，子どもを刺激に対して過敏にさせることがあり，そのために落ち着きのない行動をとるようになる．
オ　PTSD	・受けた心の傷（トラウマ）は適切な治療を受けないまま放置されると将来にわたって心的外傷後ストレス障害（PTSD）として残る場合がある．
カ　偽成熟性	・大人の顔色を見ながら生活するため，大人の欲求にしたがって先取りした行動をとるような場合がある． ・精神的に不安定な保護者に代わって，大人としての役割を果たさねばならない場合に，大人びた行動をとることがある．
キ　精神的症状	反復性のトラウマにより，精神的に病的な症状を呈することがある． 例：記憶障害，意識がもうろうとする，離人感，解離性同一性障害

（出典）こども家庭庁（2024b）をもとに筆者作成．

　　子どもの心身の状態等を観察し，不適切な養育の兆候が見られる場合には，市町村や関係機関と連携し，要保護児童対策地域協議会で検討するなど適切な対応を図ること．また，虐待の疑われる場合には，速やかに市町村又は児童相談所に通告し，適切な対応を図ること（保育所保育指針　平成29年告示）

　要保護児童対策地域協議会とは，虐待を受けている子どもなど，要保護児童等への適切な支援を図ることを目的に，地方公共団体が設置・運営する組織である．この協議会は，児童相談所等の児童福祉関係機関や母子保健，教育，警察等の関係機関によって構成され，要保護児童の情報を共有し協働して支援にあたる．

　以上のように，虐待の疑いのあるケースについては，保育者は園長などの管理職に相談の上，速やかに児童相談所等の関係機関に通告し，他部署と連携して対応しなければならない．

2）　保育者の役割

　虐待の通告あるいは相談のあったケースのうち深刻な状況にある場合は，子どもは家庭から一時的に離され保護される（一時保護）．一時保護のうち，約9割はその後，家庭での生活を続けながら状況の改善を目指す在宅支援の対象となっていくが，乳幼児期の子どもは，保育所等を利用することになる．

保育所等は，日中の多くの時間を子どもが家庭から離れて過ごす場所であり，虐待の発見のみならず，子どもが安心して過ごせる場所としても重要な役割を担っている．虐待を受けた子どもの多くは心に傷を抱えるため，子どもが保育者と安定した関係を築くことにより，心身の健康を取り戻せるよう，そしてその後の健全な心身の発達が可能となるよう支援していく必要がある．

保護者にとっても，保育所等につながることにより，家庭内での孤立した育児を避けることができる．虐待のリスクのある家庭は，子育ての難しさや経済的な困窮，その他，様々な要因から社会から孤立し，ストレスを抱えていることが少なくない．保育者は，そうした保護者の困難さを理解しつつ，継続して子育てを支援することが大切である．

当然ながら虐待に関する家庭への支援は，保育者にとっても負担となる．このことから，保育者は，関係機関と連携し，所属する保育所等で対応を確認しながら支援を進めることが重要である．

第4節　外国にルーツをもつ家庭

1　外国にルーツをもつ家庭

外国にルーツをもつ家庭とは，外国籍の子どもがいる家庭だけではなく，日本国籍であっても両親のいずれかが外国出身であるなど，外国につながりのある家庭のことを指す．外国にルーツをもつ家庭の子どもを受け入れている保育所等は近年増加傾向にあり，全国の市区町村を対象に実施されたアンケートによれば，回答のあった市区町村のうち約7割が外国籍等の子どもを受け入れている保育所等があると回答している（厚生労働省，2021c）．

保育所保育指針においては，「外国籍家庭など，特別な配慮を必要とする家庭の場合には，状況等に応じて個別の支援を行うよう努めること」とされているが，これについて具体的にはどのような配慮が必要なのだろうか．

2　外国にルーツのある幼児の受け入れと課題

外国にルーツのある幼児は，日本語が理解できないか，あるいは十分には理解していない場合もあるために，保育所等での生活に不安を抱えていることが多い．また，言葉だけでなく，文化の違いによる課題も存在する．例えば，日本の一般的な食事になじみが薄く，あるいは宗教上の理由で給食が食べられないといった事も起こり得る．このような場合，給食における対応に加え，そうした状況を他の子どもが否定的に見たり，からかったりするようなことがないよう，保育者として配慮する必要がある．

保育を進める上で保護者との連携は欠かせないが，保護者との連携においても問題となるのは，**表12-2**に示すような**言葉の壁**や**文化の違い**である．たとえ保護者が日本語を幾らか話せるとしても，伝えたいことを適切に保育者に伝えられない，あるいは，保育者からの説明を十分に理解できない，といったことが起こり得る．また，文化的背景や生活習慣，価値観が異なるため，理解に食い違いが生じる場合もある．

したがって，外国にルーツをもつ家庭を支援するには，子どもと保護者が直面する課題について，

112　第Ⅱ部　今日の子育てが子どもの精神保健に与える影響

表12-2　外国にルーツのある保護者が直面する課題

言語面	・日本語での説明が十分に伝わっておらず，必要な情報が届いていないことがある． ・理解できていなくても「わかった」と言ってしまう方もいる． ・言葉の壁により保育所等との信頼関係が築けないことで，大きなトラブルに発展してしまうことがある．
文化面	・文化や習慣の違いから，日本人の間では当たり前とされるような子どもへの関わりが保護者に受け入れられないことがある． ・子どもに対し，宗教上の理由で食べさせてはいけない物がある．着替えの際は肌を見せてはいけないなど，国や地域によって多様な習慣・決まりがある場合がある． ・文化や生活習慣等の違いから，孤立してしまう．

(出典) 厚生労働省（2020）をもとに筆者作成．

言語面，文化的側面，両方への理解が不可欠となる．

3　外国にルーツのある保護者についての理解と支援

●事例12-2

　先月，東南アジアから来日して入園したＡちゃんの家族は，厳格なイスラム教徒である．そのため，宗教上食べられるものと食べられないものがある．入園前に給食について相談があり，豚肉やお酒を使った料理が給食に出る日は，お弁当を持参してもらうことに決まった．ところが，入園してしばらく経ったある日，Ａちゃんの家族から「醤油を使わないでほしい．醤油にはアルコールが含まれている」との要望があった．

　保育者は，Ａちゃんが醤油で味付けされたおかずを喜んで食べていることや，みんなと同じ給食を楽しそうに食べている様子を伝えた．また，醤油が日本の食文化に欠かせない調味料であることも説明した．しかし，家族からは「アルコールは宗教上，禁じられている．アルコールの入っていない醤油を使ってほしい」と再度要望があった（アルコール成分を含まない醤油も市販されている）．

　外国にルーツのある保護者を支援する際，日本で当たり前とされている様々な習慣が，保護者にとっては必ずしも当たり前ではない場合があることに留意したい．

　事例12-2のような場合，保育者は，まず，保護者の話に耳を傾け，理解しようとすること，理解を示すことが大切である．そして，その上で，日本の文化や発達上の知見について丁寧に説明し，保育の場での方針を理解してもらうよう努める．たとえ，保護者が方針を受け入れないとしても，家庭内でのやり方まで強要するようなことは避け，保育所等で対応可能な範囲を伝えるようにする．

　このように，保護者と保育者がそれぞれの文化や習慣について伝え合い，互いに理解し合うよう努めることが重要である．そのためには，入園前からコミュニケーションを取っておく必要がある．具体的には，入園前にしっかり話をする機会を設け，家庭の状況をできるだけ理解しておくとともに，保育者から園生活の概要について予め知らせておくことにより，保護者が安心して子どもを預けられるよう心がける．言葉については，例えば，食事や排泄，健康状態に関する用語など，保育の場面でよく使う表現を母語と日本語とで対応させ，事前に保護者と共有しておくと良い．園生活が始まった後は，送迎時に積極的に話しかけ，保護者が話をしやすい雰囲気を作りつつ信頼関係を築くよう努める．

　文化や生活習慣の違いを認めることは，保育者と保護者の間に限ったことではない．子どもと保

育者，子どもと子ども，保護者間においても大切なことである．例えば，挨拶や歌など日々の生活の中で外国にルーツのある子どもの母国文化に触れる機会を設けたり，保護者と相談したうえで，互いの文化を紹介するような内容を行事等に取り入れたりすることも出来るかもしれない．このような機会は，異なる文化を知り，それを尊重し合ううえで，貴重な機会となる．また，外国にルーツのある子ども自身にとっても，母国の文化に誇りをもつことのできる大切な経験になると考えられる．

　保育所保育指針に，「子どもの国籍や文化の違いを認め，互いに尊重する心を育てるようにすること」とある．保育者は，多様な文化的背景の者が「共生する」という視点に立ち，子どもの豊かな育ちと家庭の支援に取り組むことが大切である．

　多くの事柄は，保護者と保育者との信頼関係を構築することにより，前に進めることができると思われるが，場合によって担任や保育所内で解決することが難しいこともあるかもしれない．そこで，入園前から，地域において，こうした事案に関して連携できる機関はないか確認しておくとよい．例えば，次のような機関や部局である（市町村と地域によって呼び名が変わることに注意）．

　　市区町村：保健センター，保育課，教育委員会，国際部局，子育て支援関係部局，など
　　地域：国際交流協会，外国人コミュニティー，保育園等の保護者会，など

　外国にルーツをもつ家庭をより良く理解し，適切に支援するために，こうした関係機関と積極的に連携を進めていくことが望ましい．

（岡崎満希子）

第13章

生育環境が子どもに与える影響

学びのポイント

　2024年版厚生労働白書では「こころの健康」が特集され，第1章では「こころの健康を取り巻く環境とその現状」と題し，「生まれてから老いに至るまでのライフステージ全般におけるストレス要因」について取り上げられた．子どもの健やかな育ちに基本的に重要なのは衣食住や睡眠覚醒リズム等の安定した生活リズムが保障され，安心できる周囲の大人との関わりが必要不可欠である．だからこそ子どもの発達過程とライフステージにおいて，不適切な生育環境にさらされ，リスクに見舞われることを見据え，よりよいメンタルヘルスのあり方も考えることが重要である．

　そこ本章では子どもの命をも脅かしかねない，極めてハイリスクな生育環境となる「虐待」に関する問題をはじめ，虐待の一歩手前の状態とも言われる「マルトリートメント」，昨今大きな課題となっている性別違和（LGBTQ＋）に関する問題等，子どものウェルビーイングに大きな影響を与えるであろう，子どもの心理と社会環境との関係性や保育者等のの重要な他者との関わりのあり方について考えてみたい．

事前学習課題：13章の本文を読み，学びのポイントにあるキーワードについて，その言葉の意味を書き出しましょう．

事後学習課題：13章で学んだ内容から，あなたが保育者として何を大切にしたいのか決意表明しましょう．

　キーワード：環境設定，心の安全基地，アタッチメント，マルトリートメント

第1節　生育環境とは

1　生育・成育・育成

　「生育」をデジタル大辞泉で引くと，「1　うまれ育つこと．また，植物が生長すること．」「2　うみ育てること．」とある．動物や植物等の命が生まれ，育っていく様子を表した言葉である．同音異義語として「成育」という言葉がある．成育を辞書で引くと「1　成長すること．育つこと．」「2　動物などが育って成熟すること．」とある．どちらの言葉も「育つ」という意味では共通しているが，「成育」は「動物が育つ」という意味以外に「成熟する」という意味が含まれ，やや限定的な意味でつかわれる言葉であるが，「生育」はそれがない一方で，植物が育つという意味を含む点と，命が生まれ，育っていく様子を包括的に表した言葉といえる．また，類義語として「育成」は「育て上げること．育ててりっぱにすること．」とある．

三つの言葉は非常に類似した言葉であり，かつ意味が重なる部分も多い上に，その重なりの範囲は必ずしも明確ではない．一方で明確に異なる部分もある．例えば「生育」「成育」が育っていく主体を主語とした言葉であるが，「育成」は育てる周囲の人々を主語とした言葉であり，あくまでも子どもは育てられる「客体」として扱われる言葉であると言える．また，「生育歴」「成育歴」という子どもの歴史を表した言葉や，「成育環境」「生育環境」「育成環境」というように「環境」と組み合わせた言葉もそれぞれにあり，同様に類似し，似通って言葉であり，部分的に共通した意味を持っているものの，ニュアンスの違いを意図して使用されることもある．

2　生育環境・成育環境

共通の意味を持つ部分と異なるニュアンスを持つものの，厳密な違いは不明瞭である「成育」と「生育」であるが，**「成育環境」「生育環境」**の違いはさらに曖昧な点が多い．植物に対しては「生育環境」とは言うものの，「成育環境」という言葉は使わない．一方で人間に対しては「成育環境」「生育環境」両方の言葉がつかわれる点は「生育」「成育」の違いと同様である．しかし，「成育環境」「生育環境」は明確に使い分けを意識して伝えられているケースはあまり見当たらない．

例えば人間に関しては「成育環境」が使用されることが多い．日本学術会議には「子どもの成育環境分科会」が設置されており，また横浜国立大学地域連携推進機構では「子どもの成育環境デザイン」と題した取り組みが行われている．また，こども家庭庁成育局には子育て世代包括支援センターや子ども家庭総合支援拠点等相談支援機関の有機的連携，地域子育て支援拠点の充実，放課後児童クラブ，居場所づくり支援に係る企画立案・指針の策定，児童委員等（こども家庭庁，2024d）を所管している「成育環境課」が設置されている．一方，法務省関係の白書や報告書では「生育環境」[1]が一貫して使用されている．「生育環境」「成育環境」ともに，定義づけ等の説明は特にないので断定はできないが，使用されている文脈を見ると「成育環境」は子どもの成長・成熟に関する内容が多く散見され，「生育環境」のほうは子どもの出生という過去から現在までの生活していた環境に関しての表現，「生い立ち」に関する環境を表しているかのように見受けられる．ちなみに本章のタイトルは「生育環境」を採用した．それは，赤ちゃんは，誕生前から環境の影響を受けると言われており，出生前後から乳幼児期における環境の重要性をより表現したかったからである．また，「成長」や「成熟」という言葉は何をもってどのような状態を「成長「成熟」とするか等，周囲の大人の価値観の影響が色濃く表れる．本章で子どもの育ちと環境との関係性を考えるにあたり，子どもが主体的な存在であり，大人の価値感にとらわれない「こどもが真ん中」の育ちの姿をイメージしてほしいからである．

1）「令和5年版犯罪白書」や「法務総合研究所研究部報告65」等，少年非行との関連では「生育歴」という言葉が使われている．

第2節　子どもの発達と生育環境

1　新生児・乳児と環境

　スイスの生物学者であるポルトマンは動物の誕生と成育過程の特徴を整理している．誕生して自立して行動できるかどうかや，寿命や妊娠期間等を整理して比較した．

　妊娠期間が短く，多胎で，生後しばらくは自力で行動できない就巣性の動物と，原則1匹（頭）ずつ生まれ，すぐに立って動き回ることができる離巣性の動物に分類した．人間は原則1人ずつ生まれ離巣性の動物の特徴があるものの，未熟なままで生まれる特徴があり，それを「**生理的早産**」と名付けた．

　人間の新生児は自力で動くことができないだけでなく，飲食をして水分や栄養をとる等生命維持に関する行為の大半のことを，誰かに依存しなければ生存できないのである．さらにこの依存せざるを得ない状況は身体面だけでなく，精神面も同様である．「自分」と「自分以外」の区別すらできない状態で生まれてくる．一方で，胎児のころから聴覚や触覚があり，誕生した瞬間から五感が働いており，身体的発達に伴い行動のレパートリーや範囲を広げることが可能となり，周囲の環境への関心が高まってくる．そして，興味・関心を持ったものに対して，触れる・見る・なめる等の五感を使った行為を通して主体的に環境に働きかけ，この世界のことを感じながら学んでいく「探索活動」を行っていくのである．

2　探索活動と心の安全基地

　このように乳児期は精神面・身体面が連動する重要な発達段階であると言え，周囲の環境のあり方によって発達のあり方も大きく左右されるとも言える．特に重要となるのはアメリカの心理学者エインズワースが提唱した「**心の安全基地**」という環境である．子どもは好奇心旺盛な存在であり，探索活動によって世界について経験し，学ぶものであるが，一方で未知なものに対する不安も当然存在する．そういった不安や恐怖と向き合う糧となるのが「心の安全基地」である．

　例えば，動きはじめて間もない子どもを観察すると，子どもは興味関心の赴くままにヒト・モノ等，様々な対象に関わり，働きかけていく等，外的世界との接触を持つが，不安や恐怖を覚えることや新しい世界の予測外の刺激を受け続けることで疲れてしまう場合もある．そのような時に「心の安全基地」という存在が実感できると，再度探索を営む活力を得ることができるのである．

　日常生活で見られる姿としては子どもが1人で動き回っていても，急に母親等の養育者のもとに帰っていき，体に触れる行為や，少し離れた養育者の方に時々視線を送る等である．それは，子どもが「安全基地」の存在を確認するための重要な行為であると考えられている．こうした確認行為は，当初は視覚や触覚等物理的な方法で実感としているが，徐々にその場に安全基地が物理的に存在しなくても，心の中に確認することで安心して外の世界とつながり，関わることができるのである．こうして，自分と他人との区別すらつかなかった子どもは，探索活動を通じて世界のことを知り，自分と他人の**境界線（バウンダリー）**が徐々に確かなものとなっていき，自立への道に進むこ

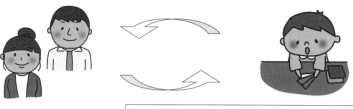

図13−1 アタッチメント・システムと探索システム――養育者は安心の基地
(出典)数井編(2021)をもとに筆者作成.

とができるようになるのである.

　したがって,安全基地が確かなものとして感じられないと,他者との関わりに不安を持ち,世界を狭めてしまう可能性や,精神的に不安定になってしまい,心身の健康を害する場合も考えられる.私たち保育者は親からの自立を促す立場であるが,こうした心の安全基地が子どもの中に存在しているのかを確認し,メンタルヘルスを保つためにも,そうした不安を補うような関わりも重要となってくるであろう.

3　生育環境におけるアタッチメントの重要性

　心の安全基地の重要性について述べたが,心の安全基地として機能するためには「愛着(アタッチメント)」が重要となってくる.愛着(アタッチメント)は前述のエインズワースが師事した心理学者のボウルビィが提唱した概念で,乳児期における特定の人との情緒的結びつきを指した言葉である.アタッチメントの語源は英語の「アタッチ(attach:取りつける・くっつく)」であり,その名詞形が「attachment(アタッチメント)」である.転じて子どもが強い不安や恐怖を感じた時に,親をはじめとした特定の大人にくっついて「大丈夫だ」という安心感をしっかりと味わい,自分は守られているという確たる見通しを持つ経験であると言い換えることもできる.不安な出来事や怖いものに出会っても「あの人のもとにいれば必ず守られるはず」という感覚を持つことによって,特定の存在に依存をすることなく,1人でいることができるようになるといわれている.つまり,繰り返し愛着(アタッチメント)を体感することで,確かな心の安全基地を得ることにつながり,子どもが自律性と社会性を身に着けていくと言われているのである(図13−1).

第3節　虐待とマルトリートメント

1　虐待が起こりやすい社会情勢と「虐待」という生育環境が子どもに及ぼす影響

　虐待が起こると子どもの心身にとって深刻なダメージを長期的に与え続け,本来著しい発達を遂げる時期に虐待が起きると,発達に適さない環境が作られ,発達の機会が失われてしまう可能性が高い.例えば身体面では低体重や低身長等が見られることがある.ネグレクトで食べ物が与えられ

ず栄養不足になるケースだけでなく，他者の愛情を感じることができない環境下で育った結果，成長ホルモンの分泌が障害されることがあり（諏訪，1978）著しい低身長になることもある．また，身体的虐待が継続して行われた結果，複数個所に骨折や火傷跡，内出血が認められる等，多発的に反復して外傷が発生するという特徴もある．

「小児の成長は遺伝，内分泌代謝機能，末梢組織成長機能などの固体の内部環境の他に外部環境によっても大きな影響を受けるといわれている．保護者，特に母親と小児の精神的関係が満足すべき幸福な状態にない場合それが慢性的に長期間持続すると精神的情緒障害をおこしたりそれに加えて身体的な種々の症状を呈する疾病を一括して愛情遮断症候群とよぶ．そして身体的症状として小人症を呈している小児を愛情遮断性小人症という．」（諏訪 1978：489）

また，虐待は脳の発達にも大きな影響を及ぼす．友田は母親から「ゴミ」と呼ばれたり，「お前なんか生まれてこなければよかった」というような言葉を浴びせられたりするなど，物心ついたころから暴言による虐待を受けた被虐待者たちを集めて，脳を調べた結果，スピーチや言語，コミュニケーションに重要な役割を果たす，大脳皮質の側頭葉にある「聴覚野」の一部の容積が増加することや，「生まれてこなければよかった」「死んだほうがましだ」など，暴言を受け続けると，聴覚に障害が生じるだけでなく，知能や理解力の発達にも悪影響が生じることを報告し，言葉による虐待（暴言虐待）が脳に与えるダメージを見逃してはいけないと，心理的虐待による脳への具体的な影響について指摘している（友田，2018）．虐待による心身への影響は虐待が行われている間だけではない．たとえ虐待がなくなることや社会的養護等の支援で虐待環境から抜けだすことができたとしても，成人期になってからも長期的な心身の影響が続き，虐待サバイバーとして苦悩し続けることも決して少なくないのである．

2 マルトリートメント

「マルトリートメントとは，日本語で「不適切な養育」という意味で，身体的虐待，性的虐待だけではなく，ネグレクト，心理的虐待を包括した呼称であり，大人の子どもに対する不適切な関わりを意味したより広い観念である」（友田，2017）が，日本においては虐待とまで定義づけることはできないが，虐待に準ずるような子どもに対する不適切な関わりを指す言葉として使われるようになった．マルトリートメントという言葉が使われるようになり，非日常の特別な出来事というイメージが強い「虐待」という言葉に比べ，日常的に誰でもしてしまっているかもしれないという認識が啓発につながったという点で，保護者だけでなく教師や保育者等が子どもとの関わりのあり方を見直すきっかけになったと考えられる．「大人が子どもに対して教育のつもりで行う，子どもの発達や健康にとって不適切な行為」「子どもたちが自分の生きる世界を理解し把握するために学びたいという，真の人としての成長発達のニーズではなく，大人の将来への不安や欲望から強制的に学ばされている状態のこと」も包含される，エデュケーショナル・マルトリートメント（武田，2019）や教師による「教室マルトリートメント」等という言葉も生まれた（図13-2）．最近では「不適切保育」に関する報道が後を絶たないが，これもマルトリートメントの1つと考えられる．このようにマルトリートメントという言葉は，「虐待」という言葉では汲み取りきれなかった，周囲の大人

第13章　生育環境が子どもに与える影響

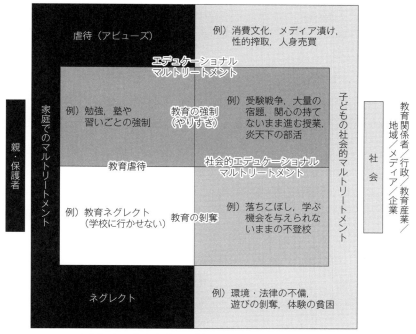

図13-2　大人から子どもへのマルトリートメント
(出典) 武田 (2021) より抜粋．

の不適切な関わりによる生育環境の阻害について，より包括的に捉えることにつながったのである．

第4節　多様な育ちのあり方を考慮した環境設定と保育者のあり方

1　多様な子どもたちへの気づき

近年，子どもの多様性について考える機会となる様々な新しい概念が次々と提起されてきている．発達障害という概念は「ちょっと変わった子」「どう指導してもいうことを聞かない子」「怠けぐせがあり，さぼっている子」等，本人の性格や気持ちの問題として単純化していたことを「脳機能の特異性」という観点から見つめなおし，それぞれの特性に適した環境を作ることによって，本来持っている力を発揮することができるという見通しと可能性を提起することにつなげている．特に「ニューロダイバーシティー」という言葉は，「劣った存在」としてみなされがちな「障害」という概念へのアンチテーゼであり「そもそも脳神経のあり方はみな違って多様なんだ」という問題提起として，従来の固定観念に囚われない「保育」「教育」「療育」の創造につなげる可能性を秘めている．

また，セクシャルマイノリティーへの関心の高まりは，「LGBT」を誰しも知っている言葉として一般化し，性自認と性志向の多様性への気づきと，当事者が声を上げやすい環境を作ることにつながり，さらなる多様性を表す「LGBTQ+」という言葉も徐々に広がりつつある．乳幼児期から青年期にかけて，心と体の発達に伴い，性に関することで悩む子どもたちは決して少なくないにもかかわらず，「性に関する話題は隠すべきもので，恥ずかしいもの」という社会的認識が強く，悩

んでいても相談できない状況に対しても，一石を投じる契機となったと言える．

　さらに様々な労働施策によって外国人労働者の流入が急増した結果，様々な国々の子どもたちが同じ教室で保育や教育を受けるということも決して珍しくなくなった．日本において外国人の親とともに暮らす「彼／彼女たち」は，学校や保育所で話す言語と自宅で話す言語が異なり，使い分けなければいけないような環境に置かれることがあるなど，他の子どもたちよりもなんらかの負荷がかかっている．園や学校等での様子だけでなく，家庭での暮らしぶりも併せて考える視点を必要としている．

2　子どもと家庭環境の多様性

　家庭環境との関わりで見れば，子どもの貧困問題への対策が叫ばれ，様々な施策が打ち出されている．子どもの貧困というキーワードは「人がある社会の中で生活する際に，その社会の殆どの人々が享受している『普通』の習慣や行為を行う事さえ出来ないこと」（阿部，2012）という「相対的貧困」という社会課題をあぶりだすことになった．子どもの貧困は「子どもの心身の健全な発育の為に必要なものが与えられていない為，成熟した一人前の大人になれない恐れがあること」「貧困の中で育った子ども達が，大人になっても貧困から抜け出せないままに子どもを生み，貧困の世代間連鎖が続いてしまう」（池谷，2019）というような世代間連鎖という問題もはらんでおり，幼少期の生育環境が次世代にも連鎖する恐れについて示唆するものである．

　またヤングケアラーという言葉もこれまで家族のケアをする素晴らしい子どもという観点から，子ども期に大切な経験をはく奪された子どもという観点を周囲の大人が気づきを得ることになった概念である．

3　多様な子どもの多様な育ちを保障する生育環境を創る

　これまで，多様な子どもたちへの気づきとその子どもたちのおかれている多様な環境とのミスマッチが，子どもの発達に長期的な影響を及ぼすだけでなく，次世代にも連鎖し，影響を及ぼしうることを述べてきた．そのような連鎖を止め，多様な子どもたちが存在する保育・教育現場において保育者が留意すべきことは何であろうか．

　まずは，子どもの園での様子を深く観察することに加え，多角的な視点，特に家庭での暮らしとの関係性を踏まえて課題を分析することである．子どもに貧困に関して問題はもちろん，第4節の①で前述した「発達障害」「LGBTQ＋」「外国人」に関する問題は子ども「個人」だけを見て問題を解決するには限界がある．子どもの特性と子どもを取り巻く家庭環境との関係性と家族を取り巻く環境にも目を向けた視点とアプローチが必要となる．

　次に子どもと家庭の多様な価値観について理解し，それを尊重することである．子ども自身の生まれ持った特性と生育環境との関係性によって，多様な価値観が生まれてくる．例えば，同じような「発達障害」がある子どもでも，ある子どもは「自分だけが変わっているので周囲と同じ自分になりたい」と願う子もいれば，「ありのままの自分を認めてほしい」と訴える子どももいるだろう．また，同じような環境であっても，子どもの感受性のあり方によって異なる価値観が生まれる可能

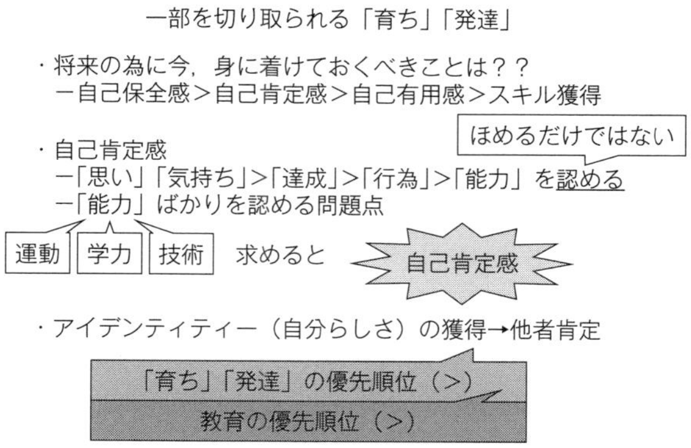

第13章　生育環境が子どもに与える影響　*121*

一部を切り取られる「育ち」「発達」

・将来の為に今，身に着けておくべきことは？？
　－自己保全感＞自己肯定感＞自己有用感＞スキル獲得

ほめるだけではない

・自己肯定感
　－「思い」「気持ち」＞「達成」＞「行為」＞「能力」を認める
　－「能力」ばかりを認める問題点

運動　学力　技術　求めると　　　　自己肯定感

・アイデンティティー（自分らしさ）の獲得→他者肯定

「育ち」「発達」の優先順位（＞）
教育の優先順位（＞）

図13-3　自己感覚を考慮した教育の優先順位

（出典）筆者作成.

性もあることを念頭におくことである.

　そして保護者と子どもとの価値観の違い，発達に関する思いや願いの違いについても留意する必要がある．子どもは目の前の出来事や感覚にとらわれがちで未来のことはイメージしにくい状況にあるため，今は苦痛なことであっても，子どもの将来を考え我慢をさせて努力をさせようとする傾向がある保護者は少なくない．例えば「問題発言・行動をなくすことに焦点をおく」「不足しているスキルを身につけさせようとする」「周囲から違和感をもたれないようにする」「一定の学力を身につけさせる」「他人を不愉快にさせないためのコミュニケーション能力を身につけさせる」等である．将来のことを考慮する視点は重要ではあるものの，子どもの苦痛を過小評価することや子どもの主体性を奪ってしまうことにもなりかねない.

　子どもが自分の思いや願いを表現しやすい環境を創り，大人の指導ではなく，安心して「大人と子どもが今の幸せと未来の幸せについてともに考えることができる環境創り」が重要である．そのためには子どもがやりたいことや大切にしていることを知り，子どもがそれを認めてもらっているという実感が持てるアプローチが重要となるであろう.

　子どもが自己肯定感を持てるように「ほめる」ことの重要性が言われてきた．大人が子どもをほめるとき，わかりやすく目につきやすい「成績」等の能力についてほめることが多いかもしれない．しかし，能力をほめることは，能力を持つべきであるという思考に陥いる恐れがある．目に見えやすいスキルを身に着け，それを表現することに囚われるあまり，成人期になっても他者を見下し，貶めることで，自分の自信のなさを覆い隠す，相対的に「自分は優れている」というアピールをし続ける状況になりかねない.

　それを筆者は保護者や支援者向けの研修会等で「自己肯定感」ならぬ「自己皇帝感（ジコエンペラーカン）」という造語で説明し，「育ちや発達」の大切にすべき優先順位について説明している（図13-3）.

　そこで提案したいことは，何かができるようになったという可視化できる力である「認知能力」を褒めるよりも「主体的に設定した目標」を達成したという状況や，その背景にある子どもの思いを認め，その思いを受け止めているということを子どもが実感できる形でフィードバックをするこ

とである.

　そのためには「〇〇になることが／〇〇をすることが幸せにつながるはずだ」という大人の価値観を一方的に押し付けることにならないように，子どもの思いや価値観を深く知り，受け止める姿勢が求められる．そのためには子どもの日常に関心を持ちフラットな立場で対話する機会を定期的に作ることが重要となってくる.

　保護者や保育等の身近な大人が常に自分の思いを知ろうとし，自分の気持ちを共有し，応援してくれようとする身近な他者がいるという実感を得ることで，子どもは心理的にも安定し，主体的に自分なりの多様な幸せのあり方を探索することにつながるのではないだろうか.

（山 田 裕 一）

第14章

子どもの育ちと精神保健

学びのポイント

この章では，乳幼児期の子どもに起こりやすい心の健康に関わる問題について心身症と障がいを中心に学ぶ．子どもは，心と身体が未分化なため心の状態が身体や行動に影響を及ぼしやすい．また，乳幼児期の子どもたちは愛着を形成し，心身の基礎を育む大切な時期である．保育現場で出会う子どもたちが心の健康を崩している時に，いち早くサインに気づき，支援を行うことでその子どもの日々が穏やかになることを意識して学んで欲しい．

事前学習課題：14章の本文を読み，学びのポイントにあるキーワードについて，その言葉の意味を書き出しましょう．
事後学習課題：14章で学んだ内容から，あなたが保育者として何を大切にしたいのか決意表明しましょう．

キーワード：心の健康，心身症，障がい，愛着，安心感の輪

第1節　心身症に関わる症状について

1　摂食の問題

子どもにとって食事は，体の成長のために必要な栄養を摂るだけではなく，愛着形成や人との関わりの機会である．そこには愛着関係が反映されやすく心の発達にも大きな影響を与える．また，栄養不足や身長体重の伸びが見られないなど保護者にとって心配や不安の種となりやすい．

1）拒食・食欲低下

一時的な食欲低下，食事拒否は，感染症などの病気や嘔吐したことをきっかけに食べることに対する恐怖心で起こることがある．また母親が入院して不在になるなどの状況でも起こることがある．食べやすいもの，食べやすい方法から安心して摂取できる環境を整えれば改善していくことが多い．

2）偏食

見た目や味，触感から特定の食べ物しか食べないことがある．保育現場では食育を導入し，食に関する興味や関心を引き出す取り組みをしている．自閉スペクトラム症の子どもでは，乳幼児期から感覚過敏やこだわりにより偏食を示すケースがある．

3）摂食症（神経性やせ症・神経性過食症）

年齢と身長相応の下限体重以上を維持することを拒否して，やせているのにもかかわらず，体重

増加への恐怖をもつ場合がある．神経性やせ症と過食後に自分で嘔吐を誘発する神経性過食症がある．思春期以降の女性に多く発症するとされていたが，低年齢化や男性への広がりもみられている．心理的特徴として成熟への拒否や，身体的な成長に心が追いついていけず不安定になっていることがある．また，自己存在の不確かさを食へのこだわりによって解消しようとする試みの1つとしても捉えられている．状態によっては命を脅かすこともあるため医療機関の介入が必要となる．

●事例14-1

食事がなかなか進まず，食べる量も少なく身体が小さいAちゃん．成長を心配する母親は，栄養を摂らせることを考え，無理にでも食べさせようとする．Aちゃんは頑張って食べようとするがなかなか飲み込むことができず，泣いて食べることを嫌がる時もある．最近では，園でも給食の時間になると元気がなくなり食が進まない．

2　睡眠障害

睡眠に関わる量や質の問題，睡眠中に起こる異常な行動や悪夢などを含めて睡眠障害という．幼児期は睡眠と覚醒の発達が不十分なため怖い夢を見るなどで一時的に発現し，自然に消えていくことが多い．また，発達障害（ASDやAD/HD）の子どもにおいては高い割合で睡眠の問題をきたすことがあるとされる．睡眠障害の症状により怪我などの危険性がある場合には，環境調整や薬物療法が必要になる．

乳幼児期の睡眠パターンは段階によって大きく変化する．発達・年齢に応じた睡眠の状態を知っておくことは正常と異常の違いを見極める点で重要である．例えば，乳児期にはレム睡眠が多くみられる．レム睡眠は大脳の機能を発達させ，意識を覚醒に導く役割がある．目覚めのための準備中ともいえる状態であり，眠たいのに眠れない，すっきりしない不愉快な気分が夜泣きとなって起こると考えられている．また，幼児期には深い睡眠が多くなり，夜に中途覚醒したときには，スムーズに目覚めにくく異常現象につながることが知られている．睡眠時随伴症は，眠りにつくとき，睡眠中，または眠りから覚めるときに生じる不快な身体的現象を総称したものであり，睡眠時驚愕症や睡眠時遊行症がある．

1）夜泣き

乳幼児期の子どもが夜中に起きて自力で再び眠りにつけないため，泣き続ける現象である．抱っこや散歩などによって収まり，再び眠りにつく．多くの親が経験し，3歳までにはほぼ解消される．

2）睡眠時驚愕症（夜驚症）

睡眠の前半3分の1に，突然起き上がりパニックのように叫び声を上げたり泣き出したりして親を困惑させる．やや男児に多い傾向がみられる．3歳から9歳頃に発症して，自然に消失することが多い．日中に体験した恐怖，緊張，興奮などが影響していることがある．

3）睡眠時遊行症

睡眠中に突然起き上がり歩き回るが，その行動を覚えていない．夜驚症と合併することが多く，発症年齢，と出現しやすいタイミングも同じである．

3　排泄症

子どもたちは，成長とともに尿意や便意を感じ2歳前後からトイレット・トレーニングを開始し，5歳頃までには自分の意志で排泄ができるようになる．排泄習慣の自立の時期を過ぎてもトイレで排泄できない場合に排泄症となる．初めから排泄ができないことを一次性排泄障害といい，一度は確立した排泄ができなくなることを二次性排泄障害という．

排泄の自立は，子どもにとって自分の欲求をコントロールする体験となり，大きな自信につながるが，一方で排泄症がある場合には適切に排泄ができないことで傷つきを体験することにつながることがある．そのため関わる大人の言動に注意が必要である．

1）　夜尿症・昼間遺尿症

5歳を過ぎても，布団や服の中で排尿し，週2回以上3か月にわたり続くものを指す．夜尿症は夜間睡眠中に排尿してしまう状態で，昼間遺尿症は目が覚めている時に無意識に排尿してしまう状態である．原因には，器質的なものと心理的なものがある．器質的な要因としては，膀胱の容量が小さい，尿意を感じられないなどがあげられる．心理的な要因としては，入園，入学など環境の変化，きょうだいの誕生，いじめなどがストレッサーとして機能する可能性がある．

2）　異糞症

4歳以降に不適切な場所に大便を繰り返し，毎月1回以上，3か月以上にわたり続くものを指す．便秘と溢流性失禁（自分で尿を出せず，少しずつ漏れてしまう）を繰り返すことが多い．

偏食，便座に対するこだわりから遺尿症，異糞症が起こることがあり，発達障害について確認する必要がある．要因として愛着障害や被虐待など心理社会的逆境体験を背景にもつケースが多い．規則的な排便習慣の確立やバランスのよい食事が対応の基本となる．

4　チック

まばたき，顔をしかめる，首振りなどの運動チックと，「あっ，うっ」などの発声，言葉の繰り返しとしてあらわれる音声チックがある．かつては親の育て方やしつけの厳しさなど心理的要因が疑われていたが，近年は遺伝的な要因が強いと言われている．チックの分類としては，一過性，慢性（1年以上継続），トゥレット症候群に分けられる．

トゥレット症候群には，複数の運動性チックがあり，音声チックの症状もある．注意欠如・多動症との合併もある．また，薬物療法が必要な場合があるため，医療機関の受診を検討する．

5　場面緘黙（選択性緘黙）

言語や知能に遅れはなく，特定の場面（園，学校など）や特定の人物に対して話すことができないことが1か月以上続いている状態である．発症年齢は，4～8歳が多い．不安障害や自閉スペクトラム症と合併していることもある．原因ははっきりとしておらず，遺伝や性格，家庭環境，環境の変化など，様々な要因が影響していると考えられている．無理にしゃべらせる関わりは子どもの不安や緊張を強めるため，子どもが安心できる状況を設定していくことが大切である．

126　第Ⅱ部　今日の子育てが子どもの精神保健に与える影響

6　起立性調節障害

　立ち上がる時に脳血流の低下が起こり，低血圧や頻脈，立ちくらみ，めまい，失神などの症状が現れる．医療機関にかかり，適切な治療と家庭生活，学校生活における環境調整を行うことが大切である．

7　過敏性腸症候群

　腹痛や下痢，便秘を繰り返すことが多い．園や学校では，子どもが安心できるように席をトイレに行きやすい場所にする，保健室を利用するなど環境調整が有効である．

8　その他の習癖

　習癖とは，指しゃぶり，爪かみ，鼻ほじり，抜毛，頭を打ち付けるなどの行為がある．

　けがや風邪などをきっかけに起こり，くせになることがある．また，不安や緊張を解消する行為となっていることが多い．行為をやめさせることよりも，原因となっているものを把握し，環境を整えたり，他のものへ気が向くように気持ちの転換を図ったりする関わりが大切である．頭を打ち付ける，抜毛などは自傷行為であるが，低年齢でも時々みられる．

　知的発達症や自閉スペクトラム症では，身体感覚を使った遊びや嫌な気持ちの表現となっていることがあるため，きっかけが何であったかを確かめる必要がある．

第2節　障がいについて

1　知的発達症（知的能力障害）

　知的発達症とは，乳幼児期より知的能力の発達が全般的に遅れている状態であり，日常生活の様々な場面において支障が生じる．知的発達症の重症度は，軽度，中等度，重度，最重度に分類され，概念的領域（読み，書き，計算など），社会的領域（コミュニケーションなど），実用的領域（食事や排泄等の身辺自立，金銭管理など）を含めて判定する．

　軽度の場合，抽象的に考える力，学習技能を身につけることの困難さはあるが，身辺自立，コミュニケーション能力は年齢相応に発達していることもあり，幼児期にはあまり気づかれず，就学後に診断されることがある．全般的な遅れがあるものの，それぞれの子どものペースでゆっくりと発達していくため，その子の課題に合わせて，多くの経験を積ませることが大切である．保育現場では，自発的な行動を促すために子どもの興味関心を引き出す環境の調整が必要である．また，何かを伝える時には言葉だけでなく，視覚的に身振りや絵を使ったり，質問をする時には選択形式で答えられるようにしたり，他児と関われるように遊びのルールを分かりやすいものにしたりするなどの工夫が有効である．

2　発達障害

　発達障害とは，自閉スペクトラム症（Autism Spectrum Disorder：ASD），注意欠如・多動症（Attention-Deficit/Hyperactivity Disorder：AD/HD），限局性学習症（Specific Learning Disorder：SLD），発達協調運動症（Developmental Coordination Disorder：DCD）などが含まれる．また，単独ではなく，複数の発達障害の特徴を併せもつ子どもがいる．

保育現場では，以前より気になる子として発達障害傾向のある子どもたちに注目してきた．また近年，このような特別なニーズをもつ子が増加傾向にあり，インクルーシブ保育が求められている．これらの子どもたちの特徴を理解し支援することが重要である．

1） 自閉スペクトラム症（ASD）

以前は自閉症，広汎性発達障害，アスペルガー症候群など様々な診断名があったが，2013年にアメリカ精神医学会が新しい診断基準（『DSM-5：精神障害の診断・統計マニュアル　第5版』）への改訂に際し，自閉スペクトラム症と定義し直した．スペクトラムとは連続体という意味で，症状が重い人から軽い人まで幅がある連続した状態として捉えるということである．

乳幼児期に見られる自閉スペクトラム症の特徴は，以下のように分類される．この組み合わせや困難の程度，日常生活に必要な支援を基準に診断される．

① 社会的，情緒的な相互関係の障がい

人と目を合わせない．やりとり遊びができない．人の行動に対する適切な反応が乏しい．

② 人とのやりとりで言葉を介さないコミュニケーションの障がい

指さし行動（共同注意・注視）がみられない．抱かれる態勢をとらない．人見知りや後追いをしない．

③ 対人関係性の発達，維持の障がい

仲間に対する興味が乏しい．ルールのある遊びに参加できない．

④ 限定された反復的な行動や興味，話し方

おもちゃを1列に並べる．回る．跳ねるなど単調な遊び．何かの台詞を繰り返す．

⑤ 変化に対する極度の苦痛，日常生活への融通のきかなさ，儀式的な行動パターン

毎日同じ道順を通ったり，同じ食べ物を食べたり，納得がいくまで同じ行動を繰り返す．

⑥ 強い愛着，限定，固定された興味

電車や車の種類には詳しいが，生活の中で触れている物の名前を認識していない．

年齢相応の行動ができないが，興味があることには博士のような知識をもっている．

⑦ 敏感さと鈍感さ

痛みや体温の変化を感じにくい．特定の音が苦手．服の感触で着用できないものがある．食べ物の食感で食べられないものがある．人にぶつかっても気づかない．

ASD の子どもは，耳からの情報や抽象的な言葉の理解が難しいことが多いため，言葉がけは，短い言葉で具体的に行う．一方で，視覚情報は理解しやすいことが多いため，絵や写真を使って伝えることが有効である．想像力の欠如があり，見通しをもちにくく不安になりやすいため，いつもと違うことは事前に伝えて見通しがもてる関わりをしたり，区切りをわかりやすくしたりする工夫

が必要である．興味関心をもっていることには，集中して取り組むことができるため，興味のあることを見つけて達成感やほめられる機会を増やすことも大切である．

●事例14-2

> Bくんは魚が好きで図鑑に載っているほとんどの種類を知っていて，園ではお魚博士と呼ばれている．一方で運動は苦手で特に運動会などの行事があると他児と一緒に行動することが難しく，集団から離れて1人で遊んでいる姿がみられる．保育者は，興味がもてるように声かけを行い，徐々に参加できるようになってきていた．しかし最近，まばたきが頻繁に見られ，登園を渋ることが増えてきた．母親に話を聞いてみると，今年こそは他児と一緒に運動会に参加して欲しいという思いが強く，毎日Bくんに対して家でも練習をさせたり，他児と一緒に行動するように話をしたりしていることが分かった．

2）注意欠如多動症（AD/HD）

（1）不注意

集中することが難しく，注意散漫になる．物をなくす．忘れ物，ケアレスミスが多い．

（2）多動性

じっとしていることができず，手足や体を動かしたり，立ち歩いたり，走り回ったりしてしまう．ずっとしゃべり続けることもある．

（3）衝動性

順番が待てない．他の人の会話や遊びに許可を得ずに割り込み邪魔をする．会話で自分の順番を待つことができない．質問の途中で答えを言ってしまう．

乳幼児期は多動性や衝動性の行動面が目立ち，不注意型は気づかれにくい．

AD/HDの子どもは，情報入力（聞いて理解する力，物事に注意を向ける時間）の弱さ，情報処理（記憶しておく力，物事を整理する力）の弱さがある．話し始めに注意を促す，具体的な言葉で短く指示を出す，見通しがもてるように順序を視覚的に示し，タイマーを用いたりする働きかけや，刺激の少ないところを選ぶなど環境調整が有効である．

また，AD/HDの子どもは，物事に集中できず不注意な間違いをしたり，忘れ物が多かったり，落ち着いて座っていられなかったり，衝動的に動いてしまったりするなどの特徴により，周囲から誤解を受けやすく，注意されたり，叱られたりしてしまう機会が多くなりやすい．その結果，自尊心の低下や二次障害（うつ症状，反抗挑戦性障害など）を合併することがある．できていること，できるようになったことをほめるという関わりを大切にする．

3）限局性学習症（SLD）

知的には正常であるにもかかわらず，聞く，話す，読む，書く，計算する，推論する能力のいずれかに困難さをもつ．原因として中枢神経系の機能障害があると推定される．

就学後に診断されることが多いが，幼児期でも不器用さが目立ったり，絵が描けなかったり，文字が覚えられなかったり，衣服の前後をよく間違えたりなどの症状が見られる．知的な発達のすべてに問題があるわけではないので，自分でできることを大事にしながら，困っていることを支援し，

子どもに自信をもたせることが大切である.

4) 発達性協調運動症（DCD）

身体機能に問題がないにもかかわらず，協調運動に困難さがみられる．例えば手先の作業が不器用で，箸やはさみをうまく使えない，縄跳びが跳べない，階段の上り下りがぎこちない，体操やお遊戯の真似ができないなどの症状が見られる．子どもの不器用さの原因を把握して，一つひとつの動作ができるように工夫することで社会生活を送りやすくなり，本人の自信にもつながる.

第3節　愛着に関わる障がいについて

1　愛着障害

乳幼児期に虐待などの不適切な養育が行われたことにより，安定した愛着関係がもてず，対人関係を築くための基盤が形成されないと愛着障害が起こる.

愛着障害には，反応性アタッチメント症と脱抑制型対人交流症の2種類があり，反応性アタッチメント症は，誰に対しても心を開くことがなく甘えたり頼ったりしない．脱抑制型対人交流症は，初対面の人に対しても不自然なほど親しげにべたべたと甘えたりする．いずれの型も適切な対人距離がとれず不安定な人間関係であるという点で共通している.

愛着障害は落ち着かなさや癇癪，精神的不安定，感情のコントロールが苦手，衝動的な行動，攻撃的な行動に出やすい，矛盾するあるいは両価的な感情や態度を示す（怒られているのに笑っている）などの特徴が発達障害と似ているところがある.

愛着関係は，乳幼児期に限らず，生涯にわたって他者とのコミュニケーションの基礎となるものである．対応としては，安全で安心できる環境づくりや，継続的な養育がなされて愛着関係を深めていくことが大切である.

2　分離不安症

乳幼児が母親から離れたときに不安になるのは自然のことであるため，分離不安は正常な発達段階のひとつである．成長とともに母親が目の前にいなくても母親の存在をイメージすることで分離の不安が徐々に減っていく.

しかし，養育者との分離に対する不安が年齢に適さないほどに強く，生活に支障が生じる状態が4週間以上続いている状態を分離不安障害と言う．愛着対象を病気や災害等で失うかもしれないという心配や，分離されると自分に運の悪い出来事が起こるかもしれないという心配，分離されることを知ると身体症状を引き起こすことなどがある.

●事例14-3

登園時「ママがいい！」と言って泣き続けるCちゃん．なだめようと母親が声かけをするものの言うことを聞かず，母親も離れがたく園を去るまでに時間がかかる．保育者が誘っても泣き続ける状態が数週間続いている．Cちゃんには，先月妹が生まれたところである.

3　心的外傷後ストレス症（PTSD）

　生死に関わるような危険な体験をしたり，目撃したりすることで強い恐怖を感じ，心の傷となって何度も思い出されて苦しむ状態が１か月以上持続している状態のことを心的外傷後ストレス症という．同様の症状で心的外傷後３日から１か月以内の持続期間の場合は急性ストレス症という．主な症状は以下である．

① トラウマの再体験：その出来事が繰り返し思い返され（フラッシュバック）再体験する．子どもの場合，遊びの中で繰り返し再現されることがある．

② 感情の麻痺および回避：外傷となった出来事について話すことを避けたり，思い返させる活動，場所，状況を避けたり，その出来事の重要な部分を思い出せなくなる．

③ 過覚醒：様々な刺激に過敏になり，イライラしやすくなったり，怯えたりと過剰な反応を示す．

　その他集中できない，忘れっぽい，今まで出来ていたことができなくなったりすることもある．子どもの場合，無口になったり，表情が固まったり，腹痛，嘔吐などの身体症状，退行（赤ちゃん返り）を示したりすることがある．安心安全な環境を整え，子どもが望めば心的外傷について話せる環境を用意し，それだけ大変なことがあれば今のような状態になるのは当然のことだ，という共感を示すことが大切である．また，状況に応じて遊戯療法や薬物療法を勧める．

第4節　子どもの健康と愛着

　これまで子どもの心の健康問題について学んできたが，たとえ同じ診断名であっても示している症状，その子や保護者が抱えている問題は様々である．そのため，目の前の子どもに寄り添い，その子に合わせた対応や支援を行うことが大切である．

　また，子ども自身に問題が起きても深刻化せずに乗り越えられる力や，回復できる力（レジリエンス）を育むこともとても重要である．その力は，「あきらめない心」や「感情を調整する力」など非認知能力がもとになると考えられ，その基盤となるのは，乳幼児期の発達課題として学んだ，愛着関係（アタッチメント）である．

　愛着とは，不安で困ったり，危機的状況で怖くなったりした時に，特定の養育者に抱きしめてもらったり，慰めてもらったりすることで安心できることである．そしてその愛着があることで，困難な状況を乗り越えるエネルギーをもらって，再び外の世界に飛び出していくことができる．このサイクルを「安心感の輪」（**図14-1**）と言う．乳幼児期の子どもたちは，この輪をぐるぐる回りながら成長している．子どもの成長にはどんな時も自分を受け入れてくれる人がいて，その人を信頼できると思えることが大切である．そのことによって自分は発信すれば応えてもらえる存在であるという自分自身への信頼感が育つことになる．

　この愛着関係から育まれる安心感が心の中にあると，「あきらめない心」「感情を調整する力」が育つようになる．安心感が育まれると，子どもたちは色々なものに興味をもち，確かめてみようとするようになる．できたという達成感や，やりたいと思ったらできる自分という自己肯定感を積み

第14章　子どもの育ちと精神保健　131

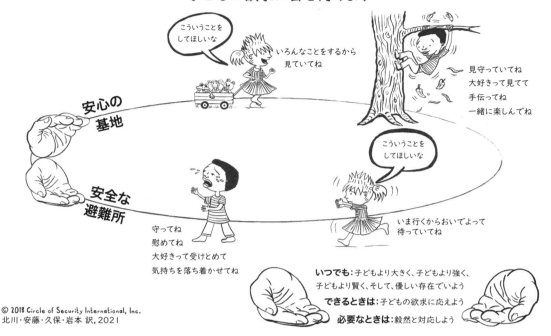

左のQRコードから，安心感の輪の説明
日本語（Japanese）の動画を視聴してみましょう．

図14-1　安心感の輪

Circle of Security International のホームページへのリンク

重ねて，やってみたらできるはずという気持ちを獲得するからこそ，「あきらめない心」が育つ．また，愛着関係を形成する中で，自分の感情を言葉で代弁してもらったり，慰めてもらう中で自分の感情を調整してもらう体験をしたり，ありのままの感情を表出し，受けとめてもらえる体験を重ねたりすることで，「感情を調整する力」を育んでいく．そうすると，相手に譲ったり，助けたりすることができるようになり，仲間と協調して取り組むことができるようになる．

　これらの力が育まれることにより，子ども自身が問題を抱えた時に，深刻化せず乗り越えたり，回復したりする力が培われていく．上記のような力を育む対象は，保護者に限らず保育者や，身近に存在する大人である．恵まれない養育環境に生まれた子どもでも，保護者に代わる愛着対象と出会い，愛着関係を再形成することができる．保育者は幼児期の経験がその子どもの人生の基盤を作り，将来につながるという意識をもって日々の保育の時間を大切にしてほしい．

　また，虐待が起こっている家庭では，養育者が安全な避難所，安心の基地として存在できず安心

感の輪が形成されにくい．虐待を受けることにより子どもたちには，身体や知的発達の遅れ，愛着障害や虐待された人間関係の再現など対人関係上の問題，パニック行動や自傷行為などの感情や感覚の調整障がい，自己評価や自尊感情の低下，基本的不信感の発達などの自己および他者へのイメージの問題，逸脱行動，脳の損傷などの影響がみられる．これらの症状から回復するためにも愛着関係を築き，安心感の輪を形成することが重要である．友田は「脳の傷は決して治らない傷ばかりではない．環境や体験，ものの見方や考え方が変わることで脳も変化する．子どもの脳は発達途上であり，可塑性という柔らかさを持っている．トラウマに対する傷つきが回復するのに必要なことの1つとして安心安全な環境があげられる」（友田，2016：726）と述べている．

　被虐待児が親になると虐待を繰り返してしまう世代間伝達も生じやすいといわれている．これらのことを防ぐためにも保護者が安心感の輪を作れるように保育者を始め親子に関わる支援者が，保護者の安心感の輪を支えられるように，寄り添うことが大切である．

（森内さやか）

終章
子どもの心を育てていくということ

　2019（平成31）年度より新たな保育士養成課程のカリキュラムがスタートし，この「子ども家庭支援の心理学」が新たに加わった．子ども家庭支援の心理学の構成は，旧課程の「保育の心理学Ⅰ」から生涯発達を，旧課程の「家庭支援論」から家族・家庭ならびに子育て家庭に関する理解を，そして旧課程の「子どもの保健Ⅰ」から子どもの精神保健を引き継いだ．

　この科目の主眼たるところは，子育て家庭の理解である．かつて卒業生たちが言っていた．「子どもにとって家族は大事だから，保護者にはそれなりに敬意を払って対応するが，それは学校でそう習ってきたから．本当のところは自分が子どもを持ってみないとわからない．子どもを持ってみると，保護者のことはすぅっと自分自身のことのようにわかる．逆に授業内容は不十分」といい，卒業したての未婚で未出産の保育者には難しい話なのだと教えてくれた．しかし，若い保育者が主戦力の保育現場では，上記のような実感を伴わなくても，保護者に対しないとならない．保育年齢の保護者は，1人の大人というより，子どもとセットの，子どものもうひとつの側面だからだ．本書「子ども家庭支援の心理学」は，子育て経験をしていない若い保育者に，この実感に近づいてもらうために保育士養成課程が用意した挑戦的カリキュラムということができる．

　子どもからみたら家族は生まれてきたときから存在する，いつも変わらない日常である．お父さんお母さんは絵本に出てくる理想の父母とはほど遠い姿であるし，自分の願いは魔法使いのようには叶えてはくれない．「もう少しちゃんとして」と子どもながらに思っているかもしれない．降園を待たされる子どもや気持ちが通じず涙がにじむ子どもに共感して，保育者はその声を力強くストレートに代弁したくなるときもあるかもしれない．保育者は子どもの味方であり，子どもの笑顔のために頑張っていると自負している人たちであるからだ．けれども，子どもを育てている限り保護者は子どもの生活を支えているところがあり，また同時に成人期の男女として独立していなければならないことや社会人として活躍していることもある1人の人間である．保護者自身の親の介護も視野に入れないといけないこともあるだろうし，自分の体調不良から子育てをやりきれるか不安を抱えていることもあるだろう．そういった他の顔を持つ保護者という存在を，発達段階という年齢的な面からと子育てという機能的な面から，若い保育者に伝えようとしている．

　このような科目のねらいを受けて，第Ⅰ部では，ふつうの人の一般的な人生を概観することにより，生きていくうえで誰もが抱える悩みを取り上げ，親になっていく過程を，具体的な場面を盛り込みながら平易な言葉で描写した．しかし，乳幼児期の親子関係は，本来言葉にしにくいものである．親として子どもにどのような心配や思いを向けているのかなど，当の本人にも十分には言葉にできない．また，あまりにも明快すぎる言葉は，乳幼児と保護者の関係性が伝わらなくなってしまう．そのような事情により，学ぶ学生には体感を活用して想像力を豊かにして察していただきたい．

それぞれの教室で，科目担当の教員が考えすぎや不足を修正するので，誤解をおそれずに思いを巡らせてほしい．第Ⅱ部では，子育てがしにくいし時代を考慮し，困難が発生しやすい状況を取り上げた．困難な場面で，平穏で順調なときは意識することなくしている，気遣いや子どもへの愛情が透けて見えてきたら，困難もまた学びになることだろう．親であるからこそ，立ち往生してしまったり気持ちの整理がつかなかったりするので，その心の動きを承知しておいてほしい．

　もし，保育者が保護者の他の顔を無視して「Aちゃんのためにちゃんとしてあげてください」と声高に訴えたらどうなるだろう．30年以上前ならば，「血もつながっていない若い保母（父）さんが私たちより子どものことを一生懸命考えてくれている．自分たちは親子であることに甘えてしまっていた．親として襟を正さないといけない」と反省するゆとりがあっただろう．けれども今はそのようなゆとりがない．「話し合いの時間を」という申し出ひとつすら，「私の子育て間違っていた？　親失格？」と否定的に捉えてしまいかねないほど自信がない．子育て中は，目の前の子どもを見て自分の気持ち・直感を参考にしつつ対応していくものだが，子どもの顔を見ることなく「マニュアルに副ったことが正しくそこから外れてはいけない」と生真面目に取り組む保護者もいる．体が悲鳴を上げているのに自己犠牲的な世話を止められない保護者もいる．そのような保護者にとって，保育者のストレートな保護者指導は，自己価値観も揺るがす声になりかねない．保護者も負い目も劣等感も持っているデリケートな1人の人として見ていかないと，早まったことに追い立ててしまうことになってしまう．

　家庭も子どもも持っていない保育者の方から見ると，家庭も子どもも持っている園児の保護者はうらやましい限りだろう．持てるものを持っているのだから，相応の責任も果たしてもらいたいという気持ちで先走るのも理解できる．しかし，古来子育ては拡大家族や地域に守られてどうにか成立してきたものである．地域の子育て力が痩せ衰えた今日，一人ひとり親の肩にかかるプレッシャーはいかほどのものだろうか．そのことを想像して，間違っても保護者を追い込むような保育者にはなってもらいたくない．

　それに保護者の抱えているプレッシャーは，親子のコミュニケーションにも影響する．小さな子どもと保護者の機微はあまりにも繊細で，ずれたままだったりなかなか修復できなかったりすると，子どものメンタリティーに大きな影響を与えてしまう．子どもに体質上障がいにつながる資質がなくても，落ち着きのなさやこだわり等の行動になってしまうこともある．そのような事態に早期発見早期療育の観点からマニュアル的に対応してしまうと，その子の別の側面を見落としてしまうことになるし，本当の問題解決には遠のく．親子関係のボタンの掛け違いは関係性の質や組み合わせとして個別に理解して，自然に是正していく道筋を模索しなければならない．

　このような要請するのは簡単だが，保育者になっていこうとする学生には無理難題かもしれない．自身も人間関係が希薄な世界に育ち，自分の振るまいがどのように人に見られるのか神経をすり減らす日々を送ってきたことだろう．残念ながら，学生たちの子ども時代もそんなにゆとりのある時期とは言えなかった．養成校の教員がイメージし目標としているゆとりのあった人間関係や社会のことは，絵に描いた餅のようにしか感じられないかもしれない．だからこそ，この科目が設定された意味があるのだ．執筆者たちは知識でしか提示できないが，できるだけ平素な言葉で，実際の保

終 章 子どもの心を育てていくということ 135

育場面を想像しやすいように具体的な場面を例示した．子どもになったつもりで子どもの気持ちを理解し，親になったつもりで親のつらさも想像してほしい．そのことは，学修者の人生の振り返りにも，これからの人生計画にもなる．保護者と一緒に育ち直すつもりで取り組んでほしい．実は，親もまたそういうスタンスで子育てをしている．保護者を，保育料を払い保育者を監視している人ではなく，保育者と同様子育てにアップアップしている人と思えたら，少しは親しみがわくのではないか．そういう親しみでもって，保護者と協同子育てにいそしんでほしいと心から願っている．

（津 田 尚 子）

付　　録

ソーシャルワーク専門職のグローバル定義

　ソーシャルワークは，社会変革と社会開発，社会的結束，および人々のエンパワメントと解放を促進する，実践に基づいた専門職であり学問である．社会正義，人権，集団的責任，および多様性尊重の諸原理は，ソーシャルワークの中核をなす．ソーシャルワークの理論，社会科学，人文学，および地域・民族固有の知を基盤として [1]，ソーシャルワークは，生活課題に取り組みウェルビーイングを高めるよう，人々や様々な構造に働きかける [2]．

　この定義は，各国および世界の各地域で展開してもよい [3]．

· ·

注　釈

　注釈は，定義に用いられる中核概念を説明し，ソーシャルワーク専門職の中核となる任務・原則・知・実践について詳述するものである．

中核となる任務

　ソーシャルワーク専門職の中核となる任務には，社会変革・社会開発・社会的結束の促進，および人々のエンパワメントと解放がある．

　ソーシャルワークは，相互に結び付いた歴史的・社会経済的・文化的・空間的・政治的・個人的要素が人々のウェルビーイングと発展にとってチャンスにも障壁にもなることを認識している，実践に基づいた専門職であり学問である．構造的障壁は，不平等・差別・搾取・抑圧の永続につながる．人種・階級・言語・宗教・ジェンダー・障害・文化・性的指向などに基づく抑圧や，特権の構造的原因の探求を通して批判的意識を養うこと，そして構造的・個人的障壁の問題に取り組む行動戦略を立てることは，人々のエンパワメントと解放をめざす実践の中核をなす．不利な立場にある人々と連帯しつつ，この専門職は，貧困を軽減し，脆弱で抑圧された人々を解放し，社会的包摂と社会的結束を促進すべく努力する．

　社会変革の任務は，個人・家族・小集団・共同体・社会のどのレベルであれ，現状が変革と開発を必要とするとみなされる時，ソーシャルワークが介入することを前提としている．それは，周縁化・社会的排除・抑圧の原因となる構造的条件に挑戦し変革する必要によって突き動かされる．社会変革のイニシアチブは，人権および経済的・環境的・社会的正義の増進において人々の主体性が果たす役割を認識する．また，ソーシャルワーク専門職は，それがいかなる特定の集団の周縁化・排除・抑圧にも利用されない限りにおいて，社会的安定の維持にも等しく関与する．

　社会開発という概念は，介入のための戦略，最終的にめざす状態，および（通常の残余的および制度的枠組に加えて）政策的枠組などを意味する．それは，（持続可能な発展をめざし，ミクロ―マクロの区分を超えて，複数のシステムレベルおよびセクター間・専門職間の協働を統合するような）全体的，生物―心理―社会的，お

およびスピリチュアルなアセスメントと介入に基づいている．それは社会構造的かつ経済的な開発に優先権を与えるものであり，経済成長こそが社会開発の前提条件であるという従来の考え方には賛同しない．

原　則

ソーシャルワークの大原則は，人間の内在的価値と尊厳の尊重，危害を加えないこと，多様性の尊重，人権と社会正義の支持である．

人権と社会正義を擁護し支持することは，ソーシャルワークを動機づけ，正当化するものである．ソーシャルワーク専門職は，人権と集団的責任の共存が必要であることを認識する．集団的責任という考えは，一つには，人々がお互い同士，そして環境に対して責任をもつ限りにおいて，はじめて個人の権利が日常レベルで実現されるという現実，もう一つには，共同体の中で互恵的な関係を確立することの重要性を強調する．したがって，ソーシャルワークの主な焦点は，あらゆるレベルにおいて人々の権利を主張すること，および，人々が互いのウェルビーイングに責任をもち，人と人の間，そして人々と環境の間の相互依存を認識し尊重するように促すことにある．

ソーシャルワークは，第一・第二・第三世代の権利を尊重する．第一世代の権利とは，言論や良心の自由，拷問や恣意的拘束からの自由など，市民的・政治的権利を指す．第二世代の権利とは，合理的なレベルの教育・保健医療・住居・少数言語の権利など，社会経済的・文化的権利を指す．第三世代の権利は自然界，生物多様性や世代間平等の権利に焦点を当てる．これらの権利は，互いに補強し依存しあうものであり，個人の権利と集団的権利の両方を含んでいる．

「危害を加えないこと」と「多様性の尊重」は，状況によっては，対立し，競合する価値観となることがある．例えば，女性や同性愛者などのマイノリティの権利（生存権さえも）が文化の名において侵害される場合などである．『ソーシャルワークの教育・養成に関する世界基準』は，ソーシャルワーカーの教育は基本的人権アプローチに基づくべきと主張することによって，この複雑な問題に対処しようとしている．そこには以下の注が付されている．

文化的信念，価値，および伝統が人々の基本的人権を侵害するところでは，そのようなアプローチ（基本的人権アプローチ）が建設的な対決と変化を促すかもしれない．そもそも文化とは社会的に構成されるダイナミックなものであり，解体され変化しうるものである．そのような建設的な対決，解体，および変化は，特定の文化的価値・信念・伝統を深く理解した上で，人権という（特定の文化よりも）広範な問題に関して，その文化的集団のメンバーと批判的で思慮深い対話を行うことを通して促進されうる．

知

ソーシャルワークは，複数の学問分野をまたぎ，その境界を超えていくものであり，広範な科学的諸理論および研究を利用する．ここでは，「科学」を「知」というそのもっとも基本的な意味で理解したい．ソーシャルワークは，常に発展し続ける自らの理論的基盤および研究はもちろん，コミュニティ開発・全人的教育学・行政学・人類学・生態学・経済学・教育学・運営管理学・看護学・精神医学・心理学・保健学・社会学など，他の人間諸科学の理論をも利用する．ソーシャルワークの研究と理論の独自性は，その応用性と解放志向性にある．多くのソーシャルワーク研究と理論は，サービス利用者との双方向性のある対話

的過程を通して共同で作り上げられてきたものであり，それゆえに特定の実践環境に特徴づけられる．

　この定義は，ソーシャルワークは特定の実践環境や西洋の諸理論だけでなく，先住民を含めた地域・民族固有の知にも拠っていることを認識している．植民地主義の結果，西洋の理論や知識のみが評価され，地域・民族固有の知は，西洋の理論や知識によって過小評価され，軽視され，支配された．この定義は，世界のどの地域・国・区域の先住民たちも，その独自の価値観および知を作り出し，それらを伝達する様式によって，科学に対して計り知れない貢献をしてきたことを認めるとともに，そうすることによって西洋の支配の過程を止め，反転させようとする．ソーシャルワークは，世界中の先住民たちの声に耳を傾け学ぶことによって，西洋の歴史的な科学的植民地主義と覇権を是正しようとする．こうして，ソーシャルワークの知は，先住民の人々と共同で作り出され，ローカルにも国際的にも，より適切に実践されることになるだろう．国連の資料に拠りつつ，IFSW は先住民を以下のように定義している．

・地理的に明確な先祖伝来の領域に居住している（あるいはその土地への愛着を維持している）．

・自らの領域において，明確な社会的・経済的・政治的制度を維持する傾向がある．

・彼らは通常，その国の社会に完全に同化するよりも，文化的・地理的・制度的に独自であり続けることを望む．

・先住民あるいは部族というアイデンティティをもつ．

http : ifsw.org/policies/indigenous-peoples

実　践

　ソーシャルワークの正統性と任務は，人々がその環境と相互作用する接点への介入にある．環境は，人々の生活に深い影響を及ぼすものであり，人々がその中にある様々な社会システムおよび自然的・地理的環境を含んでいる．ソーシャルワークの参加重視の方法論は，「生活課題に取り組みウェルビーイングを高めるよう，人々や様々な構造に働きかける」という部分に表現されている．ソーシャルワークは，できる限り，「人々のために」ではなく，「人々とともに」働くという考え方をとる．社会開発パラダイムにしたがって，ソーシャルワーカーは，システムの維持あるいは変革に向けて，様々なシステムレベルで一連のスキル・テクニック・戦略・原則・活動を活用する．ソーシャルワークの実践は，様々な形のセラピーやカウンセリング・グループワーク・コミュニティワーク，政策立案や分析，アドボカシーや政治的介入など，広範囲に及ぶ．この定義が支持する解放促進的視角からして，ソーシャルワークの戦略は，抑圧的な権力や不正義の構造的原因と対決しそれに挑戦するために，人々の希望・自尊心・創造的力を増大させることをめざすものであり，それゆえ，介入のミクローマクロ的，個人的－政治的次元を一貫性のある全体に統合することができる．ソーシャルワークが全体性を指向する性質は普遍的である．しかしその一方で，ソーシャルワークの実践が実際上何を優先するかは，国や時代により，歴史的・文化的・政治的・社会経済的条件により，多様である．

　この定義に表現された価値や原則を守り，高め，実現することは，世界中のソーシャルワーカーの責任である．ソーシャルワーカーたちがその価値やビジョンに積極的に関与することによってのみ，ソーシャルワークの定義は意味をもつのである．

※「IFSW 脚注」

2014年7月6日の IFSW 総会において，IFSW は，スイスからの動議に基づき，ソーシャルワークのグローバル定義に関して以下の追加動議を可決した.

IFSW 総会において可決された，ソーシャルワークのグローバル定義に関する追加動議

「この定義のどの一部分についても，定義の他の部分と矛盾するような解釈を行わないものとする」

「国・地域レベルでの『展開』は，この定義の諸要素の意味および定義全体の精神と矛盾しないものとする」

「ソーシャルワークの定義は，専門職集団のアイデンティティを確立するための鍵となる重要な要素であるから，この定義の将来の見直しは，その実行過程と変更の必要性を正確に吟味した上ではじめて開始されるものでなければならない. 定義自体を変えることを考える前に，まずは注釈を付け加えることを検討すべきである.」

===

2014年7月メルボルンにおける国際ソーシャルワーカー連盟（IFSW）総会及び国際ソーシャルワーク学校連盟（IASSW）総会において定義を採択. 日本語定義の作業は社会福祉専門職団体協議会と（一社）日本社会福祉教育学校連盟が協働で行った. 2015年2月13日，IFSW としては日本語訳，IASSW は公用語である日本語定義として決定した.

　　　社会福祉専門職団体協議会は，（NPO）日本ソーシャルワーカー協会，（公社）日本社会福祉士会，（公社）日本医療社会福祉協会，（公社）日本精神保健福祉士協会で構成され，IFSW に日本国代表団体として加盟しています.

注
1）「地域・民族固有の知（indigenous knowledge）」とは，世界各地に根ざし，人々が集団レベルで長期間受け継いできた知を指している. 中でも，本文注釈の「知」の節を見ればわかるように，いわゆる「先住民」の知が特に重視されている.
2）この文の後半部分は，英語と日本語の言語的構造の違いから，簡潔で適切な訳出が非常に困難である. 本文注釈の「実践」の節で，ここは人々の参加や主体性を重視する姿勢を表現していると説明がある. これを加味すると，「ソーシャルワークは，人々が主体的に生活課題に取り組みウェルビーイングを高められるよう人々に関わるとともに，ウェルビーイングを高めるための変革に向けて人々とともに様々な構造に働きかける」という意味合いで理解すべきであろう.
3）今回，各国および世界の各地域（IFSW/IASSW は，世界をアジア太平洋，アフリカ，北アメリカ，南アメリカ，ヨーロッパという五つの地域＝リージョンに分けている）は，このグローバル定義を基に，それに反しない範囲で，それぞれの置かれた社会的・政治的・文化的状況に応じた独自の定義を作ることができることとなった. これによって，ソーシャルワークの定義は，グローバル（世界）・リージョナル（地域）・ナショナル（国）という三つのレベルをもつ重層的なものとなる.

〈https://www.jacsw.or.jp/citizens/kokusai/IFSW/documents/SW_teigi_japanese.pdf〉（2025年2月7日確認）.

全国保育士会倫理綱領

　すべての子どもは，豊かな愛情のなかで心身ともに健やかに育てられ，自ら伸びていく無限の可能性を持っています．

　私たちは，子どもが現在(いま)を幸せに生活し，未来(あす)を生きる力を育てる保育の仕事に誇りと責任をもって，自らの人間性と専門性の向上に努め，一人一人の子どもを心から尊重し，次のことを行います．

　　私たちは，子どもの育ちを支えます．

　　私たちは，保護者の子育てを支えます．

　　私たちは，子どもと子育てにやさしい社会をつくります．

（子どもの最善の利益の尊重）

1．私たちは，一人一人の子どもの最善の利益を第一に考え，保育を通してその福祉を積極的に増進するよう努めます．

（子どもの発達保障）

2．私たちは，養護と教育が一体となった保育を通して，一人一人の子どもが心身ともに健康，安全で情緒の安定した生活ができる環境を用意し，生きる喜びと力を育むことを基本として，その健やかな育ちを支えます．

（保護者との協力）

3．私たちは，子どもと保護者のおかれた状況や意向を受けとめ，保護者とより良い協力関係を築きながら，子どもの育ちや子育てを支えます．

（プライバシーの保護）

4．私たちは，一人一人のプライバシーを保護するため，保育を通して知り得た個人の情報や秘密を守ります．

（チームワークと自己評価）

5．私たちは，職場におけるチームワークや，関係する他の専門機関との連携を大切にします．

　　また，自らの行う保育について，常に子どもの視点に立って自己評価を行い，保育の質の向上を図ります．

（利用者の代弁）

6．私たちは，日々の保育や子育て支援の活動を通して子どものニーズを受けとめ，子どもの立場に立ってそれを代弁します．

　　また，子育てをしているすべての保護者のニーズを受けとめ，それを代弁していくことも重要な役割と考え，行動します．

（地域の子育て支援）

7．私たちは，地域の人々や関係機関とともに子育てを支援し，そのネットワークにより，地域で子どもを育てる環境づくりに努めます．

（専門職としての責務）

8．私たちは，研修や自己研鑽を通して，常に自らの人間性と専門性の向上に努め，専門職としての責務を果たします．

社会福祉法人　全国社会福祉協議会

全国保育協議会

全国保育士会

おわりに

　本書は，2018年に新たに制定された保育士養成課程における「子ども家庭支援の心理学」の教授内容に準拠し作成された前書から，2023年に創設されたこども家庭庁が打ち出したスローガン「こどもまんなか社会」に対応するかたちで新たに編集されたものである．「子ども家庭支援の心理学」がねらいとする学修内容は，子どもの権利の尊重はもとより，子どもの幸せの実現に向けて，生涯発達の観点から心理学的発達を理解し，初期の体験の重要さと，精神保健に与える影響を知ることである．

　近年，子育てをめぐる状況は大きく変化している．例えば，核家族化や地域のつながりの希薄さは以前から懸念されていたが，ますます深刻化し，保護者の子育てへの不安や孤立感は高まっているといってよいだろう．このように保育をとりまく社会情勢が変化するなかで，保育者の担う役割は重要であり，期待されるものとなっている．学生も保育者としてひとたび社会に出れば，たとえ新人であっても家庭の問題にふれることになる．自分の家庭をもつことに現実味のない学生には，想像の及ばない出来事に直面するかもしれない．それぞれの家庭をめぐる様々な問題を予測し，子どもや保護者にアプローチしていくことは容易なことではないだろう．

　先に述べたように，「子ども家庭支援の心理学」は，それまで他の科目で学ぶことになっていた幅広い内容が集まって構成されている．これらの保育や子育て支援に関する内容を包括的に理解することが必要であり，保育士や幼稚園教諭などをめざす学生には，子どもとその家庭の支援について知っておくべき基本的知識としてまとめられたものであることを理解し，学びを深めてもらいたい．子どもの現在の姿を形づくっている発達やその家庭環境の理解に役立つようにと，本書には学びのポイントや保護者支援のポイントを外さないエッセンスを極力ちりばめてみた．保育の現場をめざす学生のみなさんにとって，本書が少しでも助けになれば幸いである．

　最後になりましたが，本書発刊に向けて，晃洋書房編集部の西村喜夫氏，坂野美鈴氏には大変お世話になりました．複数の執筆者・編集者を取りまとめて，読み応えのある一冊に仕上げることにできたのは，ひとえに編集部のおかげです．厚く御礼申し上げます．

　2025年3月

要正子・小山顕・國田祥子・高橋千香子

参 考 文 献

『世界大百科事典　第2版：プロフェッショナル【CD-ROM】』（1998）平凡社.

『スーパーニッポニカ　日本大百科全書【CD-ROM】』（1998）小学館.

『デジタル百科事典マイペディア【CD-ROM】』（2004）ソースネクスト.

青木紀久代編（2019）『シリーズ知のゆりかご　子ども家庭支援の心理学』みらい.

阿部彩（2012）「『豊かさ』と『貧しさ』──相対的貧困と子ども──」『発達心理学研究』23（4）.

アメリカ精神医学会（2023）『DSM-5-TR 精神疾患の分類と診断の手引』日本精神神経学会監修，髙橋三郎・大野裕監訳，医学書院.

安藤寿康（2011）『遺伝マインド』有斐閣.

安藤寿康（2016）『日本人の9割が知らない遺伝の真実』SB クリエイティブ.

安藤朗子・吉澤一弥編（2019）『子ども家庭支援の心理学』アイ・ケイ・コーポレーション

池谷和子（2019）「子どもの貧困の定義を探る−法政策の検討に向けて」『現代社会研究』17，東洋大学現代社会総合研究所.

井戸ゆかり編（2012）『保育の心理学Ⅰ実践につなげる，子ども発達の理解』萌文書林.

岩田純一（2011）『子どもの発達の理解から保育へ──〈個と共同性〉を育てるために──』ミネルヴァ書房.

ウィニコット，D. W.（1977）『情緒発達の精神分析理論』牛島定信訳，岩崎学術出版社.

SAJ・野沢慎司編（2018）『ステップファミリーのきほんをまなぶ──離婚・再婚と子どもたち──』金剛出版.

榎戸芙佐子（2010）「選択緘黙」松本英夫・傳田健三編『子どもの心の診療シリーズ④　子どもの不安障害と抑うつ』中山書店.

エリクソン，E. H.（1977）『幼児期と社会1』仁科弥生訳，みすず書房.

エリクソン，E. H.（2011）「健康なパーソナリティの成長と危機」『アイデンティティとライフサイクル』西平直・中島由恵訳，誠信書房.

エリクソン，E. H., & エリクソン，J. M.（2001）『ライフサイクル、その完結〔増補版〕』村瀬孝雄・近藤邦夫訳，みすず書房.

遠藤利彦（2018）「アタッチメントと子どもの発達」『育てる』55，家庭養護促進協会.

大國ゆきの（2019）「家族・家庭の意義と機能，親子・家族関係の理解」青木紀久代編『子ども家庭支援の心理学』みらい.

大倉得史・新川泰弘編（2020）『子ども家庭支援の心理学入門』ミネルヴァ書房.

大島聖美・鈴木佳奈・西村大志（2022）「夫婦が親チームとなっていくプロセス──幼児期の子どもを持つ夫婦を対象とした質的研究──」『発達心理学研究』33（1）.

太田光洋編（2018）『保育内容の理論と実践──保育内容を支える理論とその指導法──』保育出版会.

太田昌孝・永井洋子・武藤直子編（2015）『自閉症治療の到達点〔第2版〕』日本文化科学社.

大西真美（2019）「家族関係・親子関係の理解」白川佳子・福丸由佳編『子ども家庭支援の心理学』中央法規出版.

大日向雅美（2015）『母性愛神話の罠〔増補〕』日本評論社.

岡田みゆき・大橋裕子（2020）「恋人への依存性と親子関係との関係性」『日本家政学会誌』71（10）.

岡堂哲雄（2008）「家族のライフサイクルと危機管理の視点」高橋靖恵編『家族のライフサイクルと心理臨床』金子書房.

岡本夏木（1995）『小学生になる前後——五〜七歳児を育てる——〔新版〕』岩波書店.

小倉清（1996）『子どものこころ——その成り立ちをたどる——』慶應義塾大学出版会.

小此木啓吾（1996）『視界ゼロの家族——夫婦・親子のゆくえ——』海竜社.

落合良行・佐藤有耕（1996）「青年期における友達とのつきあい方の発達的変化」『教育心理学研究』44（1）.

小野寺敦子（2005）「親になることにともなう夫婦関係の変化」『発達心理学研究』16（1）.

柏木惠子（1986）「自己制御（self-regulation）の発達」『心理学評論』29（1）.

柏木惠子（2011）『父親になる，父親をする——家族心理学の視点から——』岩波書店.

柏木惠子・若松素子（1994）「「親となる」ことによる人格発達——障害発達的視点から親を研究する試み——」『発達心理学研究』5（1）.

加藤道代（2019）「家族システムと家族発達」本郷一夫・神谷哲司編『シードブック　子ども家庭支援の心理学』健帛社.

加藤繁美（2004）『子どもへの責任』ひとなる書房.

上長然（2015）「思春期の身体発育の心理的受容度と身体満足度——青年は身体発育をどのように受け止めているのか——」『日本教育心理学会第57回総会発表論文集』176.

川上俊亮（2014）「分離不安障害」近藤直司編『子どものこころの発達を知るシリーズ③　不安障害の子どもたち』合同出版.

川上範夫（2012）『ウィニコットがひらく豊かな心理臨床「ほどよい関係性」に基づく実践体験論』明石書店.

川並利治・和田一郎・鈴木勲（2018）『保育者養成のための子ども家庭福祉』大学図書出版.

キューブラー・ロス，E.（2020）『死ぬ瞬間——死とその過程について——』鈴木晶訳，中央公論新社.

髙坂康雅（2011）「"恋人を欲しいと思わない青年"の心理的特徴の検討」『青年心理学研究』23（2）.

子どもの貧困白書編集委員会編（2009）『子どもの貧困白書』明石書店.

小林奈穂・篠田邦彦（2007）「朝食欠食が女子看護学生の自覚的健康状態および食品摂取状況に与える影響」『新潟医療福祉学会誌』7，3

コーリィ，M. ＆ コーリィ，G.（2004）『心理援助の専門職として働くために　臨床心理士・カウンセラー・PSW の実践テキスト』下山晴彦監訳，堀越勝・堀越あゆみ・古池若葉・中釜洋子・園田雅代訳，金剛書房.

佐伯文昭（2013）「保育所・幼稚園における巡回相談について」『社会福祉学部研究紀要』16（2），関西福祉大学.

斎藤学・村山由佳（2013）『「母」がいちばん危ない "いい娘" にならない方法』大和書房.

澤田景子（2020）「育児と介護を同時に担うダブルケア当事者への支援実践に関する検討——支援ニーズのグループインタビュー調査をとおして——」『経済社会学会年報』42（0）.

新村出編（2018）『広辞苑〔第7版〕』岩波書店.

諏訪誠三（1978）「内分泌機能異常以外の小人症」『小児内科』10.

相馬直子（2024）「ダブルケアをめぐる優先順位と選択——量的・質的調査から考える——」『社会政策』16（1）.

高石恭子（2010）『臨床心理士の子育て相談——悩めるママとパパに寄り添う48のアドバイス——』人文書院.

高橋和巳（2016）『「母と子」という病』筑摩書房.

高宮静男（2019）『子どものこころの発達を知るシリーズ⑨　摂食障害の子どもたち』合同出版.

武田信子（2019）「エデュケーショナル・マルトリートメントとは」『保健教室』2019年11月号.

鑪幹八郎（1990）『アイデンティティの心理学』講談社.

立花直樹・津田尚子監修，要正子・小山顕・國田洋子編（2022）『子どもと保護者に寄り添う「子ども家庭支援の心理学」』晃洋書房.

田中英高（2014）『子どものこころの発達を知るシリーズ⑤　心身症の子どもたち』合同出版.

田辺繁子・田辺幸子（1973）『家族関係と人間形成』教育図書.

谷冬彦（2001）「青年期における同一性の感覚の構造──多次元自我同一性尺度（MEIS）の作成──」『教育心理学研究』49（3）.

土肥伊都子編（2017）『学びを人生へつなげる家族心理学』保育出版社.

友田明美（2016）「被虐待者の脳科学研究」『児童青年精神医学とその近接領域』57（5）.

友田明美（2017）「マルトリートメントに起因する愛着形成障害の脳科学的知見」『予防精神医学』2（1）.

友田明美（2018）「体罰や言葉での虐待が脳の発達に与える影響」『心理学ワールド』80.

内閣府（2019）『少子化社会対策白書〔令和元年版〕』.

中井美紀（2014）「若者の性役割観の構造とライフコース観と結婚観」『立命館産業社会論集』36（3）.

中釜洋子・野末武義・布柴靖枝・無藤清子編（2021）『家族心理学──家族システムの発達と臨床的援助──〔第2版〕』有斐閣.

中道泰子（2015）「中年期女性の危機に関する一考察」『佛教大学教育学部論集』26.

中村和彦（2015）「子どもの発達障害」滝口俊子編『子育て支援のための保育カウンセリング』ミネルヴァ書房.

中山智哉・加藤孝士編（2022）『子ども家庭支援の心理学──保護者とともに子どもを支えるための心理学──』学文社.

西尾祐吾監修，立花直樹・安田誠人・波田埜英治編（2019）『保育者の協働性を高める子ども家庭支援・子育て支援「子ども家庭支援論」「こども家庭支援の心理学」「子育て支援」を学ぶ』晃洋書房.

日本家政学会編（1991）『家政学辞典』朝倉書店.

日本経済新聞（2015）「保育所，親子に朝食提供　都庁内で来秋開設（2015年11月28日）」.

日本性教育協会編（2019）『「若者の性」白書──第8回青少年の性行動全国調査報告──』小学館.

野沢慎司・菊池真理（2021）『ステップファミリー──子どもから見た離婚・再婚──』KADOKAWA.

信田さよ子（2012）『それでも，家族は続く──カウンセリングの現場で考える──』NTT出版.

服部祥子（2000）『生涯人間発達論──人間への深い理解と愛情を育むために──』医学書院.

馬場禮子・永井撤共編（1997）『ライフサイクルの臨床心理学』培風館.

原伸夫・井上美鈴（2019）『子ども家庭支援の心理学』北樹出版.

日野紗穂・葉久真理・近藤彩（2021）「子育てをする父親の育児不安の実態と背景要因の探索」『四国医誌』77（5，6）.

福丸由佳（2020）「家族関係における夫婦の葛藤，親子の葛藤」白梅学園大学子ども学研究所「子ども学」編集委員会編『子ども学』8，萌文書林.

ブリタニカ・ジャパン編（2014）「エリクソン」『ブリタニカ国際大百科事典　小項目事典』ロゴヴィスタ.

別府哲（2015）「子どもの自閉スペクトラム症／自閉スペクトラム障害」滝口俊子編『子育て支援のための保育カウンセリング』ミネルヴァ書房.

ペーパーナウ，P.（2015）『ステップファミリーをいかに生き，育むか——うまくいくこと，いかないこと——』中村伸一・大西真美監訳，金剛出版.

ベルスキー，J. & ケリー，J.（1995）『子供をもつと夫婦に何が起こるのか』安次嶺佳子訳，草思社.

帆足暁子（2019）『0．1．2歳児愛着関係をはぐくむ保育』Gakken.

ボウルビィ，J.（1991）『母子関係の理論Ⅰ［新版］愛着行動』黒田実郎・大羽蓁・岡田洋子・黒田聖一訳，岩崎学術出版社.

本郷一夫・神谷哲司編（2019）『シードブック　子ども家庭支援の心理学』建帛社.

本城秀次編（2009）『よくわかる子どもの精神保健』ミネルヴァ書房.

毎日新聞（2024）「育児・介護二重負担29万人　ダブルケア　30，40代9割　毎日新聞調査（2024年1月22日）」.

松浦崇（2022）「社会の中の保育とアタッチメント」上野永子・岡村由紀子・松浦崇編『保育とアタッチメント』ひとなる書房.

マーラー，M. S.（1981）『乳幼児の心理的誕生—分離・個体化』髙橋雅士・織田正美・浜畑　紀訳，黎明書房.

丸目満弓・八重津史子・渡辺俊太郎（2021）「保育所の困難事例における有効な子育て支援とその要因——リフレーミングの意義——」『保育ソーシャルワーク学研究』7.

水本深喜（2018）「青年期後期の子の親との関係——精神的自立と親密性からみた父息子・父娘・母息子・母娘間差」『教育心理学研究』66（2）.

向井隆代（2010）「思春期の身体的発達と心理的適応——発達段階および発達タイミングとの関連——」『カウンセリング研究』43（3）.

無藤隆・岡本祐子・大坪治彦編（2015）『よくわかる発達心理学〔第2版〕』ミネルヴァ書房.

森岡清美・塩原勉・本間康平編（1993）『新社会学辞典』有斐閣.

藪一裕（2019）「親子関係と家族・家庭の理解（家族・家庭とは何か）」立花直樹・安田誠人・波田埜英治編『保育者の協働性を高める子ども家庭支援・子育て支援「子ども家庭支援論」「子ども家庭の心理学」「子育て支援」を学ぶ』晃洋書房.

山根常男・玉井美知子・石川雅信編（1997）『わかりやすい家族関係学——21世紀の家族を考える——』ミネルヴァ書房.

山本智子（2022）『「家族」を超えて生きる——西成の精神障害者コミュニティ支援の現場から——』創元社.

渡辺久子（1996）『被虐待乳児の親子関係の研究——親-乳児精神療法における危機介入による親-乳児相互作用——』厚生省.

渡辺久子（2000）『母子臨床と世代間伝達』金剛出版.

Bartholomew, K., & Horowitz, L. M.（1991）Attachment styles among young adults: A test of a four-category model, *Journal of Personality and Social Psychology*, 61（2）.

Bowlby, J.（1969）*Attachment and loss. Vol. 1. Attachment*, Basic Books.

Feeney, J. A.（1995）Adult attachment and emotional control, *Personal Relationships*, 2.

Feeney, J. A.（1999）Adult attachment, emotional control, and marital satisfaction, *Personal Relationships*, 6.

Marcia, J. E.（1966）Development and validation of ego-identity status, *Journal of Personality and Social*

Psychology, 3（5）.

Preto, N. G., & Blacker, L.（2016）Families at midlife : Launching children and moving on, M. McGoldrick, N. G. Preto, & B. Carter eds., *The Expanding Family Life Cycle : Individual, Family, and Social Perspectives*（5 th ed.）. Pearson.

Shaver, P., Hazan, C., & Bradshaw, D.（1988）Love as attachment : Theory and evidence. In D. Perman & W. H. Jones（Eds）, *Advances in personal relationships. Vol. 4*. Jessica Kingsley Publishers. pp. 29–70.

Circle of Security International "Circle of security Animation"〈https : //www.circleofsecurityinternational.com/resources-for-parents/〉（2024年 8 月14日アクセス）.

Cooper, Hoffman, Marvin & Powell（2021）「安心感の輪」北川惠・安藤智子・久保信代・岩本沙耶佳訳〈https://www.circleofsecurityinternational.com/circle-of-security-model/what-is-the-circle-of-security/〉（2024年 8 月14日アクセス）.

新たな社会的養育の在り方に関する検討会（2017）「新しい社会的養育ビジョン」〈https : //www.mhlw.go.jp/file/05-Shingikai-11901000-Koyoukintoujidoukateikyoku-Soumuka/0000173888.pdf〉（2024年 8 月11日アクセス）.

こども家庭庁（2023a）「こども未来戦略」〈https : //www.cfa.go.jp/assets/contents/node/basic_page/field_ref_resources/fb115de8-988b-40d4-8f67-b82321a39daf/b6cc7c9e/20231222_resources_kodomo-mirai_02.pdf〉（2024年 7 月15日アクセス）.

こども家庭庁（2023b）「親子関係再構築のための支援体制強化に関するガイドライン」〈https://www.cfa.go.jp/assets/contents/node/basic_page/field_ref_resources/a7fbe548-4e9c-46b9-aa56-3534df4fb315/125a8333/20240401_policies_jidougyakutai_Revised-Child-Welfare-Act_42.pdf〉（2024年 8 月11日アクセス）.

こども家庭庁（2023c）「令和 4 年度　児童相談所での児童虐待相談対応件数（速報値）」〈https : //www.cfa.go.jp/assets/contents/node/basic_page/field_ref_resources/a176de99-390e-4065-a7fb-fe569ab2450c/12d7a89f/20230401_policies_jidougyakutai_19.pdf〉（2024年 7 月 1 日アクセス）.

こども家庭庁（2024a）『こども白書〔令和 6 年版〕』〈https : //www.cfa.go.jp/resources/white-paper/〉（2024年10月20日アクセス）.

こども家庭庁（2024b）「子ども虐待対応の手引き〔令和 6 年 3 月改正版〕」〈https : //www.cfa.go.jp/assets/contents/node/basic_page/field_ref_resources/c0a1daf8-6309-48b7-8ba7-3a697bb3e13a/0635895f/20240422_policies_jidougyakutai_hourei-tsuuchi_taiou_tebiki_22.pdf〉（2024年 7 月 1 日アクセス）.

こども家庭庁（2024c）「社会的養育の推進に向けて」〈https : //www.cfa.go.jp/assets/contents/node/basic_page/field_ref_resources/8aba23f3-abb8-4f95-8202-f0fd487fbe16/0604a387/20240805_policies_shakaiteki-yougo_104.pdf〉（2024年 8 月11日アクセス）.

こども家庭庁（2024d）「こども家庭庁成育局の組織図・所掌事務」〈https : //www.cfa.go.jp/assets/contents/node/basic_page/field_ref_resources/ce23136f-8091-4491-9f29-01fc8a98cf83/bef59606/20230401_councils_internet-kaigi_ce23136f_12.pdf〉（2025年 2 月 4 日アクセス）.

厚労省（1998）「厚生白書（平成10年版）」〈https : //www.mhlw.go.jp/toukei_hakusho/hakusho/kousei/1998/〉（2024年 7 月15日アクセス）.

厚生労働省（2004）『労働経済の分析〔平成17年版〕』〈https : //www.mhlw.go.jp/wp/hakusyo/roudou/05/〉（2024年10月20日アクセス）.

厚生労働省（2011）「里親委託ガイドライン」〈https：//www.mhlw.go.jp/stf/shingi/2r98520000018h6g-att/2r98520000018hlp.pdf〉（2024年 8 月11日アクセス）.

厚生労働省（2014）「保育所における食事の提供ガイドライン」1 〈https：//www.cfa.go.jp/assets/contents/node/basic_page/field_ref_resources/e4b817c9-5282-4ccc-b0d5-ce15d7b5018c/3af60664/20231016_policies_hoiku_75.pdf〉（2024年10月20日アクセス）.

厚生労働省（2018）「保育所保育指針解説（平成30年 2 月）」〈https：//www.cfa.go.jp/assets/contents/node/basic_page/field_ref_resources/eb316dce-fa78-48b4-90cc-da85228387c2/f4758db1/20231013-policies-hoiku-shishin-h30-bunkatsu-1_24.pdf〉（2024年 8 月14日アクセス）.

厚生労働省（2020）「令和元年度子ども・子育て支援推進調査研究事業　保育所等における外国籍等の子どもの保育に関する取組事例集」〈https：//www.mhlw.go.jp/content/11900000/000756538.pdf〉（2024年 7 月 1 日アクセス）

厚生労働省（2021a）「2021年国民生活基礎調査」〈https：//www.mhlw.go.jp/toukei/saikin/hw/k-tyosa/k-tyosa21/index.html〉（2024年 8 月11日アクセス）.

厚生労働省（2021b）「全国ひとり親世帯等調査」〈https：//www.cfa.go.jp/assets/contents/node/basic_page/field_ref_resources/f1dc19f2-79dc-49bf-a774-21607026a21d/9ff012a5/20230725_councils_shingikai_hinkon_hitorioya_6TseCaln_05.pdf〉（2024年 8 月11日アクセス）.

厚生労働省（2021c）「令和 2 年度子ども・子育て支援推進調査研究事業　外国籍等の子どもへの保育に関する調査研究　報告書」〈https：//www.murc.jp/wp-content/uploads/2021/04/koukai_210426_16.pdf〉（2024年 7 月 1 日アクセス）.

厚生労働省（2022a）『令和 4 年度離婚に関する統計の概況』〈https：//www.mhlw.go.jp/toukei/saikin/hw/jinkou/tokusyu/rikon22/index.html〉（2024年10月20日アクセス）.

厚生労働省（2022b）「国民生活基礎調査の概況」〈https：//www.mhlw.go.jp/toukei/saikin/hw/k-tyosa/k-tyosa22/dl/14.pdf〉（2024年10月31日アクセス）.

厚生労働省（2022c）「令和 3 年度全国ひとり親世帯等調査」〈https：//www.cfa.go.jp/assets/contents/node/basic_page/field_ref_resources/f1dc19f2-79dc-49bf-a774-21607026a21d/9ff012a5/20230725_councils_shingikai_hinkon_hitorioya_6TseCaln_05.pdf〉（2024年 7 月15日アクセス）.

厚生労働省（2023a）「2022（令和 4 ）年国民生活基礎調査の概況」〈https：//www.mhlw.go.jp/toukei/saikin/hw/k-tyosa/k-tyosa22/dl/14.pdf〉（2024年 7 月15日アクセス）.

厚生労働省（2023b）「厚生労働白書〔令和 5 年版〕」〈https：//www.mhlw.go.jp/stf/wp/hakusyo/kousei/22/index.html〉（2024年10月20日アクセス）.

厚生労働省（2023c）「令和 4 年雇用動向調査結果の概要」〈https：//www.mhlw.go.jp/toukei/itiran/roudou/koyou/doukou/23-2/index.html〉（2024年10月20日アクセス）.

厚生労働省（2023d）「令和 5 年度雇用均等基本調査」〈https：//www.mhlw.go.jp/toukei/list/dl/71-r05/03.pdf〉（2024年12月15日アクセス）.

厚生労働省（2024a）「令和 5 年度大学等卒業者の就職状況調査（令和 6 年 4 月 1 日現在）」〈https：//www.mhlw.go.jp/stf/houdou/0000184815_00049.html〉（2024年10月20日アクセス）.

厚生労働省（2024b）「令和 5 年（2023）人口動態統計月報年計（概数）の概況」〈https：//www.mhlw.go.jp/toukei/saikin/hw/jinkou/geppo/nengai23/dl/gaikyouR5.pdf〉（2024年 7 月15日アクセス）.

厚生労働省「家庭とは」〈https：//www.mext.go.jp/a_menu/shougai/katei/04042001/c-02.pdf〉（2024年 7 月 8 日アクセス）.

参考文献　*151*

厚生労働省「保育所保育指針（平成29年 3 月告示）」〈https：//www.mhlw.go.jp/web/t_doc?dataId=000104
　　50&dataType=0&pageNo=1〉（2024年 7 月 1 日アクセス）.

厚生労働省児童家庭局長（1991）「乳幼児健全発達支援相談事業について（厚生労働省児童家庭局長通知：
　　平 成 3 年 5 月22日）」〈https：//www.mhlw.go.jp/web/t_doc?dataID=00ta9124&dataType=1&pageNo
　　=1〉（2024年 8 月14日アクセス）.

厚生労働省社会保障審議会児童部会（2022）「資料 3 - 1 ：こども政策の新たな推進体制に関する基本方針
　　のポイント〈令和 4 年 2 月〉」〈https：//www.mhlw.go.jp/content/11907000/000897583.pdf〉（2024年
　　8 月14日アクセス）.

厚生労働省保育士養成課程等検討会（2017）「別添 1 ：保育士養成課程を構成する各教科目の目標及び教授
　　内容について」〈https：//www.hoyokyo.or.jp/http：/www.hoyokyo.or.jp/nursing_hyk/reference/29-3s
　　2.pdf〉（2024年 8 月14日アクセス）.

厚生労働省・文部科学省　（2022）令和 3 年度子ども・子育て支援推進調査研究事業「ヤングケアラーの実
　　態に関する調査研究」〈https：//www.jri.co.jp/page.jsp?id=102439〉（2024年 8 月 4 日アクセス）.

国立教育政策研究所生徒指導研究センター（2011）「キャリア発達にかかわる諸能力の育成に関する調査研
　　究報告書」『国立教育政策研究所』〈https：//www.nier.go.jp/shido/centerhp/22career_shiryou/22care
　　er_shiryou.htm〉（2021年 9 月15日アクセス）.

国立社会保障・人口問題研究所（2018）「日本の将来推計人口（平成30年推計）」〈https：//www.ipss.go.jp/
　　pp-ajsetai/j/hprj2018/t-page.asp〉（2024年 8 月17日アクセス）.

国立社会保障・人口問題研究所（2021）『現代日本の結婚と出産―第16回出生動向基本調査（独身者調査なら
　　びに夫婦調査）報告書』〈https：//www.ipss.go.jp/ps-doukou/j/doukou16/JNFS16_reportALL.pdf〉
　　（2024年 8 月14日アクセス）.

国立社会保障・人口問題研究所（2023）「日本の将来推計人口（令和 5 年推計）」〈https：//www.ipss.go.jp/
　　pp-zenkoku/j/zenkoku2023/pp_zenkoku2023.asp〉（2024年 8 月11日アクセス）.

児童養護施設等の社会的養護の課題に関する検討委員会・社会保障審議会児童部会社会的養護専門委員会
　　（2011）「社会的養護の課題と将来像」〈https：//www.mhlw.go.jp/stf/shingi/2r9852000001j8zz-att/2r98
　　52000001j91g.pdf〉（2024年 7 月15日アクセス）.

尚徳福祉会「54．原則は変わらない（ 3 ）食事について①」〈https：//sfg21.com/column/%E6%9C%AA%
　　E5%88%86%E9%A1%9E/54%EF%BC%8E%E5%8E%9F%E5%89%87%E3%81%AF%E5%A4%89%E3%
　　82%8F%E3%82%89%E3%81%AA%E3%81%84%EF%BC%883%EF%BC%89%E3%80%80%E9%A3%9F
　　%E4%BA%8B%E3%81%AB%E3%81%A4%E3%81%84%E3%81%A6%E2%91%A0/〉（2024年 8 月 4 日
　　アクセス）.

政府統計の総合窓口（2024）「人口動態調査　人口動態統計　確定数　婚姻」〈https：//www.e-stat.go.jp/d
　　bview?sid=0003411838〉（2024年 8 月11日アクセス）.

総務省（2021）「令和 3 年度　青少年のインターネット利用環境実態調査」〈https：//www.soumu.go.jp/ma
　　in_content/000821204.pdf〉（2024年 8 月 4 日アクセス）.

総務省『令和 3 年度社会生活基本調査　生活時間及び生活行動に関する結果』〈https：//www.stat.go.jp/da
　　ta/shakai/2021/pdf/youyakua.pdf〉（2024年 8 月14日アクセス）.

総務省統計局（2024）『労働力調査（基本集計）2023年（令和 5 年）平均結果』〈https：//www.stat.go.jp/d
　　ata/roudou/sokuhou/nen/ft/index.html〉（2024年10月20日アクセス）.

男女共同参画局（2016）「育児と介護のダブルケアの実態に関する調査報告書」〈https：//www.gender.go.j

p/research/kenkyu/wcare_research.html〉（2024年10月20日アクセス）．

内閣府・文部科学省・厚生労働省（2018）「幼保連携型認定こども園教育・保育要領解説（平成30年3月）」〈https：//www.cfa.go.jp/assets/contents/node/basic_page/field_ref_resources/761c413a-cfae-493c-918a-f147c1a73d97/c1bcaf87/20230929_policies_kokoseido_kodomoen_kokuji_02.pdf〉（2024年8月14日アクセス）．

内閣府（2019）『男性の子育て目的の休暇取得に関する調査研究』〈https：//warp.da.ndl.go.jp/info：ndljp/pid/13024511/www8.cao.go.jp/shoushi/shoushika/research/r01/zentai-pdf/index.html〉（2024年8月10日アクセス）．

日本財団（2018）「18歳意識調査「第3回恋愛・結婚観」調査報告書」『日本財団』〈https：//www.nippon-foundation.or.jp/app/uploads/2018/12/wha_pro_eig_08.pdf〉（2021年9月14日アクセス）．

日本保育協会（2010）「みんなで元気に子育て支援──地域における子育て支援に関する調査研究報告書」〈https：//www.nippo.or.jp/Portals/0/images/research/kenkyu/h21sien.pdf〉（2024年8月11日アクセス）．

農林水産省（2023）「令和5年度食育推進施策（食育白書）」12〈https：//www.maff.go.jp/j/syokuiku/attach/pdf/r5_index-2.pdf〉（2025年2月4日アクセス）．

ベネッセ教育総合研究所（2022）「第6回幼児の生活アンケートレポート［2022年］」〈https：//benesse.jp/berd/jisedai/research/detail_5851.html〉（2024年8月4日アクセス）．

文部科学省（2018）「幼稚園教育要領解説（平成30年2月）」〈https：//www.mext.go.jp/content/1384661_3_3.pdf〉（2024年8月14日アクセス）．

文部科学省（2022）「通常の学級に在籍する特別な教育的支援を必要とする児童生徒に関する調査」〈https：//www.mext.go.jp/content/20230524-mext-tokubetu01-000026255_01.pdf〉（2024年7月1日アクセス）．

文部科学省（2023）「特別支援教育の充実について」〈https：//www.mhlw.go.jp/content/001076370.pdf〉（2024年7月1日アクセス）．

リベルタス・コンサルティング（2023）「少子化が我が国の社会経済に与える影響に関する調査報告書」〈https：//www.cfa.go.jp/assets/contents/node/basic_page/field_ref_resources/097626be-6f2b-41d6-9cc0-71bf9f7d62d5/13cd9c2b/20230401_resources_research_other_shakai-keizai_02.pdf〉（2024年8月17日アクセス）．

労働政策研究・研修機構（2024）「早わかりグラフでみる長期労働統計　図12　専業主婦世帯と共働き世帯」〈https：//www.jil.go.jp/kokunai/statistics/timeseries/pdf/g0212.pdf〉（2024年8月17日アクセス）．

索　引

〈ア　行〉

愛情確認行動　28
愛着（アタッチメント）　18, 60
　　——スタイル　38
アイデンティティ・ステイタス　39
アダルトチルドレン　64
アンコンシャス・バイアス　58
安全基地　21
育成環境　115
イクメン　95
内的作業モデル　39
ウルトラディアン・リズム（超日周期）　69
エディプス・コンプレックス　23
エリクソン, E. H.　26
オブジェクトプレゼンティング　61
親子関係再構築支援　104

〈カ　行〉

核家族　53, 63, 81
　　——化　53
拡大家族　53
学童期　25
家族　27
　　——ライフサイクル　45
家庭　27, 52
　　——の機能の外部化　56
機能不全家族　64
規範意識の芽生え　23
基本的信頼　18, 61
虐待サバイバー　118
ギャング・エイジ　31
境界線（バウンダリー）　116
共鳴動作　17
勤勉　26
具体的操作期　29
形式的操作期　31
合計特殊出生率　79
国際化　87
心の安全基地　116
心の理論　23
孤食（個食）　57
子どもの社会化と成人を含めたメンバーのパーソナリ
　　ティの安定化　55
こどもまんなか社会の実現　4
コペアレンティング　73

〈サ　行〉

再接近期　21
三者関係　24

〈タ　行〉

三世代家族　63
自己中心性　66
自主性　23
児童虐待　109
児童扶養手当　100
社会性　23
社会的微笑　18
社会的養護　102
重要な他者　35
巡回支援専門員整備事業　2
小1の壁　70
小1プロブレム　4
少子化　54, 79
情報化社会　86
親族　52
心理学　1
心理社会的発達理論　26
心理的離乳　36
ステップファミリー　51, 100
ストレングス　33
スマホ育児　57
成育環境　115
生育環境　115
精神性的発達理論　10, 26
成人のアタッチメント・スタイル　44
青年期危機説　36
青年期平穏説　36
性別役割分業　54
生理的早産　17, 116
世帯　52, 81
善悪の判断　23
潜在期　12
前操作期　29
潜伏期　25
相互作用　17
創設家族　53

〈タ　行〉

ダブルケア　47, 56, 58
探索活動　116
男女雇用機会均等法　91
チャム・グループ　37
中年の危機　46
朝食の欠食　57
直系家族　53
定位家族　53
伝統的性別役割観　72
同一性　39
都市化　86
友達親子　64

〈ナ　行〉

二次性徴　34
乳幼児健全発達支援相談事業　2
認知発達理論　26

〈ハ　行〉

8か月不安　18
発育スパート　34
発達段階　11
晩婚化　92
ハンドリング　60
ピア・グループ　37
ピアジェ，J.　26
人見知り　18
ひとり親　98
複合家族　53

フロイト　26
ヘリコプターペアレント　65
ホールディング　60
保存概念　29
ホテル家族　64
ほどよい関係性　61
ポルトマン，A.　116

〈マ　行〉

マイクロアグレッション（無意識の差別）　58
未婚化　92

〈ヤ・ラ・ワ行〉

ヤングケアラー　56,58
要保護児童対策地域協議会　110
ライフサイクル　88
ワンオペレーション育児（ワンオペ育児）　72,94

《監修者紹介》

立 花 直 樹（たちばな なおき）［序 章］

1994年　関西学院大学社会学部卒業
　　　　企業，社会福祉施設，社会福祉協議会等での勤務を経て
2007年　関西学院大学大学院社会学研究科博士課程前期課程修了
現 在　関西学院短期大学保育科准教授，大阪地域福祉サービス研究所研究員
主要業績
　　『子どもと保護者に寄り添う「子育て支援」』（共編著），晃洋書房，2022年
　　『子どもと保護者に寄り添う「子ども家庭支援論」』（共編著），晃洋書房，2022年
　　『子どもと保護者に寄り添う「子ども家庭支援の心理学」』（共編著），晃洋書房，2022年
　　『児童・家庭福祉──子どもと家庭の最善の利益──』（共編著），ミネルヴァ書房，2022年
　　『保育・幼児教育・子ども家庭福祉辞典』（共編著），ミネルヴァ書房，2021年

津 田 尚 子（つだ なおこ）［第1章，終 章］

1991年　日本女子大学家政学部児童学科卒業
1994年　奈良女子大学大学院文学部研究科修士課程修了
2002年　奈良女子大学大学院人間文化研究科博士課程単位取得後退学
現 在　関西女子短期大学保育学科教授，臨床心理士，公認心理師
主要業績
　　『子どもと保護者に寄り添う「子ども家庭支援の心理学」』（共編著），晃洋書房，2022年
　　『学び，考え，実践力をつける家庭支援論』（共編著），教育情報出版，2020年

《編者紹介》

要　　正 子［第10章］

1988年　神戸女子大学大学院文学研究科教育学専攻修士課程修了
　　　　病院臨床心理士，スクールカウンセラー勤務等を経て
1998年　神戸女子大学大学院文学研究科教育学専攻博士後期課程満期退学
現 在　大阪総合保育大学児童保育学部児童保育学科准教授，公認心理師

小 山　　顕（おやま けん）［第3章］

2002年　アメリカ　カリフォルニア州　Azusa Pacific University 大学院臨床心理学研究科修
　　　　了（M.A. in Clinical Psychology）．
　　　　現地の心理クリニック，特別支援教育機関にて心理セラピストとして勤務．帰国後（2006
　　　　年），聖和大学人文学部での勤務を経て
現 在　関西学院短期大学専任講師，西宮市児童福祉施設等指定候補者選定委員会（副委員長）

國 田 祥 子（くにた しょうこ）［第4章］

2003年　広島大学大学院教育学研究科博士課程前期心理学専攻修了
2007年　広島大学大学院教育学研究科博士課程後期教育人間科学専攻修了
　　　　広島大学大学院教育学研究科での勤務を経て
現 在　中国学園大学子ども学部子ども学科准教授，公認心理師

高橋千香子（たかはし ちかこ）［第2章］

1995年　奈良女子大学大学院文学研究科修士課程教育方法学専攻（臨床心理学）修了
　　　　大阪府寝屋川市保健福祉部家庭児童相談室，奈良文化女子短期大学等での勤務を経て
現 在　奈良学園大学人間教育学部人間教育学科准教授，臨床心理士，公認心理師

《執筆者紹介》（執筆順，＊は監修者，編者）

＊立 花 直 樹	関西学院短期大学	序　章
＊津 田 尚 子	関西女子短期大学	第1章，終　章
＊高 橋 千香子	奈良学園大学	第2章
＊小 山　　顕	関西学院短期大学	第3章
＊國 田 祥 子	中国学園大学	第4章
中 村　　敏	相愛大学	第5章
河 村 陽 子	九州大谷短期大学	第6章
丸 目 満 弓	大阪総合保育大学	第6章
大 川 宏 美	近畿大学	第7章
上 野 永 子	静岡福祉大学	第8章
小 槻 智 彩	長崎女子短期大学	第9章
＊要　　正 子	大阪総合保育大学	第10章
三 宅 右 久	金城大学	第11章
岡 崎 満希子	和歌山信愛短期大学	第12章
山 田 裕 一	関西福祉科学大学	第13章
森 内 さやか	愛知学泉短期大学	第14章

こどもまんなか社会に活かす
「子ども家庭支援の心理学」

2025年3月30日　初版第1刷発行　　＊定価はカバーに
　　　　　　　　　　　　　　　　　表示してあります

監　修　　立　花　直　樹ⓒ
　　　　　津　田　尚　子

編　者　　要　　　正　子
　　　　　小　山　　　顕
　　　　　國　田　祥　子
　　　　　髙　橋　千香子

発行者　　萩　原　淳　平
印刷者　　藤　森　英　夫

発行所　株式会社　晃　洋　書　房
〒615-0026　京都市右京区西院北矢掛町7番地
　　　　　電話　075(312)0788番(代)
　　　　　振替口座　01040-6-32280

装幀　HON DESIGN (小守 いつみ) 印刷・製本　亜細亜印刷㈱
ISBN 978-4-7710-3901-8

JCOPY 〈㈳出版者著作権管理機構　委託出版物〉
本書の無断複写は著作権法上での例外を除き禁じられています.
複写される場合は,そのつど事前に,㈳出版者著作権管理機構
(電話 03-5244-5088, FAX 03-5244-5089, e-mail: info@jcopy.or.jp)
の許諾を得てください.